AF201185

Johann Schönau, Anton M Storch

Undank ist der Welt Lohn

Volksstück mit Gesang in 3 Akten

Johann Schönau, Anton M Storch

Undank ist der Welt Lohn
Volksstück mit Gesang in 3 Akten

ISBN/EAN: 9783743404984

Hergestellt in Europa, USA, Kanada, Australien, Japan

Cover: Foto ©ninafisch / pixelio.de

Weitere Bücher finden Sie auf **www.hansebooks.com**

Undank ist der Welt Lohn

Volksstück mit Gesang in 3 Akten

von

Schönau.

Musik von Reynella. A. Storch

Personen:

Hr. v. Gutherz, ein reicher
              Privatmann.
Stoppel, ein gelernter Uhrmacher,
           sein Factotum
Nani, Magd bei Gutherz.
Frau Kümmer
Marie
Peppi (12 Jahr alt } ihre Kinder
Louis Stasser, Handlungscommis
Rosa, Modistin.
Trellheim }
  Müller } Gutherz's Freunde
Prompt, Buchhalter.
Hr. v. Kurr
Schragl, ein Bauer
Lisserl, Uhrmacher-Lehrjung
Lenchen, Marchandmodewaare
Frau Seferl, eine Priorin(?)
Johann, Bedienter
Brodmann }
  Martin } Sattler.
Der 3. Akt spielt um 5 Jahre später

Erster Akt.

Elegantes Zimmer bei Gutherz, mit Mittel= und Seitenthüren. Links Fenster. An beiden Seiten Tische.

Erste Scene.

Männer und Weiber (der armen Klasse angehörig, theils sorg=fältig, theils wieder sehr ärmlich gekleidet, jedes mit Geld in den Händen und freudig aufgeregt, stehen um) **Stoppel** (herum, wel=cher am Tische rechts sitzt, ein großes Schreibebuch vor sich hat und so eben zu schreiben aufhört.)

Chor.
Tausend Dank! Und Glück und Segen
Sei dem guten Herrn geweiht!
Und auf allen seinen Wegen
Freude und Vergnügenheit!

Erster Bettler. Also dürfen wir am Ersten wieder kommen?

Stoppel. Versteht sich! Des wißt's ja, daß's Euch jeden Ersten Euer Deputat abholen könnts — wenn's amal nimmer kommen dürfts, wird's Euch schon g'sagt wern. — Aber halt! (heimlich zu einem Bettler.) Sie, Herr Brodmann, Sie kriegen noch extra einen Gulden, der Herr hat Ihnen um einen Gulden mehr ang'wiesen, weil er g'hört hat, daß Sie vier Kinder haben.

Zweiter Bettler (zu den Andern). Siehst es, der kriegt deßwegen um ein Gulden mehr, und mir ist mein vierter Bub grad vor ein Monat g'storben — ich sag's ja, mancher Mensch hat ka Glück!

Erster Bettler (der indessen von Stoppel den Gulden empfangen). Küß' die Hand tausend Mal! Na, wenn ein Mensch auf der Welt Glück und Segen verdient, so ist's Ih=ner Herr!

Stoppel. Glück und Segen verdieneten gar viele auf der Welt, aber sie kriegen's nit. Das is g'rad so wie bei manchem Geschäftsmann; verdienen thät' er gar viel, aber die Gelder gehen nicht immer ein; so a G'schäftsmann hat doch noch das Gute, daß er die Leut' klagen kann, wenn's ihm

1 *

sein Verdienst nicht zahlen, aber was soll den Einer thun, der Glück und Segen verdient, und das Schicksal laßt ihn ewig b'rauf warten, wo soll denn der klagen? Das Schicksal ist unverantwortlich.

Erster Bettler. Da haben Sie wieder Recht, Herr von Stoppel!

Stoppel. Ich bitt Ihnen, sagen's Herr Stoppel zu mir, das klingt viel g'schmeidiger, g'rad so wie a Flaschelstoppel aus Korkholz, mit dem kann man umgehn wie man will, er gibt nach und paßt oft in's kleinste Flaschel; wenn Sie aber zu mir Herr von Stoppel sagen, so komm' ich mir vor wie a g'schliffener gläserner Stoppel, wenn man den a bißl scharf hineindruckt, springt's Flaschel auseinander.

Erster Bettler. Ja, da muß halt die Flaschen dazu passen, nachher zerspringt sie nicht.

Stoppel. Da haben Sie Recht, und eben deßwegen muß man auch nur zu demjenigen „Herr von" sagen, für den's paßt, und wo's nicht hin g'hört, muß man's bleiben lassen, es ist so auch schön warm. Also Leuteln, b'hüt' Euch Gott jetzt, der Herr, scheint mir, ist schon auf, der wird gleich herauskommen.

Erster Bettler. O mein! Das wär' g'scheidt, da könnten wir uns einmal bei ihm selber schön bedanken.

Stoppel. Gott bewahr'! Das hat er nicht gern! (auf das Schreibebuch weisend.) Da ist der Beweis, daß a Jeder sein' Sach' kriegt hat und das ist ihm genug.

Alle. Nu so küssen wir halt die Hand derweil. (Alle ab.)

Stoppel. B'hüt Gott! B'hüt Gott!

Zweite Scene.

Stoppel (allein).

So lang' ich denke, war für mich der Erste eines jeden Monats eine wahre Plag'! Wie ich in die Schul' gangen bin, hab' ich mich vor'm Ersten immer g'forchten, wegen der Monat=Prüfung, die immer am Ersten stattfindet, und wo ich g'wöhnlich der Letzte war. — Wie ich später die Uhrmacherei g'lernt hab', war es g'rad der erste April, wo mein Master Konkurs ang'sagt und mich fortg'schickt hat — besser hätt' er den ersten April nicht feiern können, denn ich habe später eingesehen, daß ich richtig ein Narr war, ein Geschäft zu erlernen, wo Alles auf's Haar gehen soll. Später hab' ich mich dem Bedientenstand gewidmet und da hat mich wieder mein erster Herr ordentlich bedient, der war nämlich so viel schul=

dig, daß ich am Ersten nie gewußt hab', bei welchem Gläu=
biger als ich zuerst anfangen soll. — Eigentlich waren bei
dem Herrn lauter Erste, denn der Gläubiger=Andrang am
Ersten war so groß, daß der zweite Erste schon wieder da
war, bevor ich mit die Gläubiger vom ersten Ersten fertig
worden bin! — Endlich hab' ich mir meinen jetzigen Herrn
genommen, hab' geglaubt, einmal a Ruh' zu haben, weil er
unendlich reich ist, derweil hat der wieder die Schwachheit und
macht sich selber zum freiwilligen Armenvater und ich kann
jetzt wieder jeden Ersten die Bettelleut' auszahlen (indem er
das Geld zusammenpackt.) Und da muß ich noch schön stad um=
gehen; da daneben ist sein Schlafzimmer, wie leicht kann er
von dieser Klapperei munter werden. Doch für heut' wär' das
G'schäft überstanden, der Herr schlaft noch, da kann ich seinen
Schlafrock schon noch beim Frühstück anbehalten. (geht zur Mitte
und läutet am Glockenzuge.) Ich zieh' ihn immer an, damit die
Leute mehr Respect vor mir haben, denn so ein Schlafrock
besitzt so etwas Imponirendes, so eine gewisse schläfrige No=
blesse, obwohl ich eigentlich nicht begreife, warum er Schlaf=
rock heißt — man zieht ihn aus, wenn man schlafen geht,
und zieht ihn an, wenn man schon g'schlafen hat; das Ding
kommt mir so vor, wie eine papierene Conventionsmünze, wo
auch der berühmteste Alchimist nicht den leisesten Zusatz irgend
eines Metalles herausfinden kann. Na, wo bleibt denn die
so lang? (läutet nochmals.)

Dritte Scene.
Stoppel. Nani (aus der Mitte).

Nani (küßt Stoppel die Hand). Guten Morgen, Ew.
Gnaden! Sie schaffen?

Stoppel. Bringen's mir mein Kaffee!

Nani. Ah, das ist nicht übel! Ich glaub' es ist der
Herr, derweil sein Sie's!

Stoppel (trocken). Bringen's mir mein Kaffee!

Nani. Aber sagen's mir nur —

Stoppel (wie oben). Mein' Kaffee! sag ich.

Nani. Aber —

Stoppel. Ruhig! Sie wissen, daß ich ohne Kaffee in
der Fruh nichts red' mit Ihnen.

Nani. Was das für Dummheiten sein, dem Herrn sein
Schlafrock anzuziehen! (ab.)

Stoppel. Tummeln's Ihnen! (allein.) Wenn man a
halbe Stund mit lauter hungrige Leut' zu thun hat, kriegt
man auf d'Letzt selber ein' unsinnigen Hunger.

Nani (kommt mit einer Taſſe zurück, worauf ſich eine Kaffee-
maſchine und eine Zuckerbüchſe befindet). Was das für a Penzerei
iſt! (die Zuckerdoſe fällt hinab.)

Stoppel. Na, da haben wir den Kaffee.

Nani (die Taſſe auf den Tiſch ſtellend und die Doſe aufhebend).
Weils gar ſo treiben. Jetzt hab' ich die Kaffeeſchal'n auch
wieder vergeſſen. (will ab.)

Stoppel. Bleiben's da, ich trink' ihn gleich aus der
Maſchin'.

Nani. Was fällt Ihnen denn ein, zu was haben wir
denn Schalen?

Stoppel. Ich brauche keine Schalen. (wirft Zucker in
die Maſchine und ſtellt das Kipfel hinein.) Sehen Sie, es geht
prächtig! Ich werde künftig immer aus der Maſchin' trinken.
Die Schalen werden ſich zwar kränken, daß ihre Beſchäftigung
durch Maſchinen erſetzt iſt, aber das iſt vielen Leuten ſchon
geſchehen und die Kränkung war umſonſt!

Nani. Sie wiſſen Ihnen halt überall gleich zu helfen.

Stoppel. Das iſt keine Kunſt, wenn man bei ein'
Herrn iſt, der ſo vielen Leuten hilft. Aber Apropos, eine halbe
Stund bleibt der Herr doch noch auf ſein Zimmer, da können's mir mein Kaffee ins Balkonzimmer tragen, ich werde
mir a lange Pfeifen dazu anzünden, und dann bringen Sie
mir auch ein Flaſchel Rum nach!

Nani Sie wer'n doch nicht wirklich am Balkon früh-
ſtücken? Na, wie's der Herr Stoppel auf einmal nobel gibt,
das iſt aus der Weiſ'!

Stoppel. Sind Sie ruhig! Mir iſt nur um die friſche
Luft zu thun, und die kann ich nur am Balkon genießen.

Nani. Nu, mir iſt's recht. (im Abgehen.) Jetzt ſchaut's
den an. (links ab.)

Stoppel (allein). Was verſteht denn ſo eine Perſon
von den feinen Genüſſen, die kann ſich gar keinen Begriff
machen, welcher Zauber in den drei Worten liegt: Kaffee,
lange Pfeifen und Balkon! das g'hört Alles zum bon ton!
(geht mit einer langen Pfeife, die er vom Tiſch nimmt, ſtolz links ab.)

Vierte Scene.

Gutherz (elegant gekleidet, kommt während dem Ritornell des fol-
genden Liedes, aus rechts.)

Entrée-Lied.

1.

Oft d'halbete Nacht
Im Vergnügen zugebracht,

Dann erwachen in der Fruha
So gegen neun Uhr,
's Zigarl im Mund
Noch lieg'n bleib'n a Stund
Und d'rüber studir'n
Was All's zu tendir'n,
Daß die Stunden des Tags vergehn in Saus und Braus!
So schaut bei ein Reichen die Morgenstund aus.
Im Traum aufgeschreckt,
Vom Kummer geweckt,
Und troß aller Sorg'
Kein Schlaf krieg'n auf Borg,
Und wann nach und nach
Die Kinder wer'n wach,
Da d'rüber studir'n
Was All's zu tendir'n,
Um das Brod für die Seinigen bringen ins Haus,
So schaut bei ein Armen die Morgenstund aus.

2.

U Tafel servirt.
Mit Speisen garnirt
Nach g'wöhnlicher Norm
Den Appetit schon verdorb'n,
Durch's Gabelfrühstück
Vom Wein und Aspick,
Deßweg'n man z'Mittag
Nichts mehr anrühren mag,
Und's Meiste wieder schicken in d'Kuchel hinaus,
So schaut bei ein Reichen die Mittagstund aus.
Den Schweiß auf der Stirn,
Vom Ziegel zuführ'n
Unterm schattigen Tram
Wo liegen am Lahm
's Stückel Brod in der Hand
So trocken wie Sand
Und ang'feucht am End
Durch's Wasser im Ziment,
Und mit ein Kameraden oft noch theil'n diesen Schmaus,
So schaut bei ein Armen die Mittagsstund aus.

3.

Am festlichen Ball
Im glänzenden Saal

Von Gästen erfüllt,
Theils schön und theils wild,
Im Tanz bei Musik
Versuchen sein Glück,
Und nach all'n Tendir'n
Dann champagnisir'n,
Daß die Stoppeln flieg'n über die Köpf' hoch hinaus,
So schaut bei ein Reichen die Abendstund aus.
Oft Kinder a Schaar
Ganz kleine a paar
Und hinter ein Schrank
Noch extra eins krank,
Die Mutter in der Mitt',
Was z'Essen Jed's bitt',
's Nachtmahl wär bald beisamm'
Wenn's nur Erdäpf'l hab'n,
Aber der Vater der ist noch mit'n Taglohn nicht z'Haus,
So schaut bei ein Armen die Abendstund aus.

Monolog.

Ich geb mir schon alle ordentliche Mühe, die Verdienste aufzufinden, die ich mir erworben hab', daß ich jetzt als Erbe eines reichen Onkels einen Crösus en miniature spielen kann. Man sollte glauben, eine so glückliche Stellung wie die meinige sollte eigentlich verdient werden, man soll etwas dafür gethan haben, aber ich kann auf der Asphalt gepflasterten Bahn der Erinnerung noch so lang hin= und hergehen, ich komme halt ewig auf keine Verdienste. Als Jüngling hab' ich also nichts dafür gethan, und als Kind kann ich auch nichts Gutes geleistet haben, im Gegentheil, ich scheine sehr schlimm gewesen zu sein, denn ich kann mich auf sehr viele und mitunter energische Schopfbutler erinnern. Ich müßte also rein von meiner Geburt etwas geleistet haben; aber da falleten meine Verdienste grade in jene Zeit, wo ich ganz gewiß nichts gethan habe; zwar solche Verdienste kommen auch öfter vor in der Welt, aber ich bin damit nicht zufrieden. So wie der Verurtheilte es wissen soll, warum er gestraft wird, um das „Warum" zu bereuen, so will ich es wissen, warum ich vom Schicksal belohnt worden bin, um mich über das „Warum" zu erfreuen. In der Decorirung auf der Brust des Helden liegt auch nicht der eigentliche Werth, sondern in den Thaten, deren Anerkennung dadurch ausgesprochen wird, darum wäre es auch gut, wenn auf derlei Decorirungen die Thaten bezeich= net wären. Weil ich also bis jetzt von meinerseits auf keine

Verdienste kommen kann, so will ich es wenigstens nachträglich einbringen, indem ich mein unverdientes Glück mit armen Leuten theile, so viel in meiner Kraft steht, und auf Ehre, dazu sind' ich Gelegenheit genug; mir scheint, der Schöpfer laßt blos deßwegen so viele Arme auf der Welt herumwandeln, um den Reichen recht viel Gelegenheit zu geben, Gutes zu thun. Es kommt jetzt nur d'rauf an, wie diese Gelegenheit benutzt wird; es gibt Leute, die, bevor sie in e i n e Kirchen hineingehen, ganz gewiß schon aus d r e i Wirthshäusern herausgehen, die haben halt von dem Begriff, Gutes zu thun, eine gefehlte Ansicht. Und dann liegt es auch in dem Menschen selbst; der Mensch ist z. B. mehr zum Bösen als zum Guten geneigt, das beweisen schon die Dichter, denn die liefern weit eher 10 b ö s e Stück, bevor sie ein einziges g u t e s zusammenbringen.— Aber wo ist denn — (läutet) He, Stoppel!

Fünfte Scene.
Vorige. Stoppel.

S t o p p e l (kommt ganz unbefangen, ohne daran zu denken, daß er den Schlafrock seines Herrn an hat, aus rechts). Mir scheint, der Herr hat mich — (erblickt Gutherz.) Guten Morgen, Ew. Gnaden!

G u t h e r z (sich mit dem Buche am Tische beschäftigend). Die Leut' waren schon da, wie ich sehe.

S t o p p e l. Ja, Ew. Gnaden! Der alte Brodmann der hat a Freud' g'habt, daß er um einen Gulden heut mehr kriegt hat.

G u t h e r z. Es ist merkwürdig! Dieser eine Guldenzettel ist im Stande, eine ganze Familie für einen Tag glücklich zu machen, während ich manchmal Hazardspielern zug'schaut hab', wo sich so ein Zettel unter der Masse verloren hat, als ob's gar nit auf der Welt g'wesen wär'. A propos! (geht vom Tische weg und sieht Stoppel an.) Mir scheint gar, der Bursch hat meinen Schlafrock an. Meiner Seel, es ist so! Na wart', g'freu' dich! (laut.) Was hast du denn gestern ausgekundschaftet über die Familie da d'rüben?

S t o p p e l. Es ist so wie Ew. Gnaden g'sagt haben. Das Mädel erhält von der Handarbeit den kranken Vater, mit ein Wort, die ganze Familie.

G u t h e r z. Und wer sind denn die Leut' eigentlich?

S t o p p e l. Der Vater war herrschaftlicher Laufer; aber seitdem diese Menschenhetz am 1. Mai nicht mehr stattfindet, war auch seines Lebens Mai vorbei — er wurde entlassen.

Gutherz. Und hat er von seiner Herrschaft keinen Gnadengehalt?

Stoppel. Die Schwindsucht hat er, das ist das Einzige, was ihm seine Carriere abg'worfen hat; die Mutter ist auch meistens kränklich, und so muß das arme Mädel beinahe allein die Familie erhalten.

Gutherz. Und von wem hast du das Alles erfahren?

Stoppel. Von der Hausmeisterin d'rüben. Sie ist 18 Jahre alt.

Gutherz. Wer? die Hausmeisterin?

Stoppel. Nein, das Mädel; die Hausmeisterinnen bewegen sich ja im Durchschnitte zwischen 30 und 40. Also sie ist 18 Jahr alt, sehr brav und solid.

Gutherz. Ist das auch wahr?

Stoppel. Nu, wenn einmal eine Hausmeisterin selber von einem ledigen Mädel, die im Haus wohnt, Vortheilhaftes spricht, so kann man es so ziemlich fest glauben, denn es gehört eine große Tugend dazu, bis ihr eine Hausmeisterin Gerechtigkeit widerfahren läßt.

Gutherz. Es bleibt also bei dem, was ich dir gestern aufgetragen habe.

Stoppel. Wenn Ew. Gnaden da Ihre milde Hand aufmachen, da bin ich ganz einverstanden, die verdient es wenigstens gewiß.

Gutherz. Also glaubst du, daß ich dann und wann Leuten gegeben habe, die es nicht verdient haben?

Stoppel (achselzuckend). Nu —!

Gutherz. Schau, Stoppel, ich hab' dir schon öfter verboten, über diesen Gegenstand zu sprechen. Du scheinst von der drückenden Noth, die in manchem Haus zu finden ist, wenig Begriff zu haben, weil du sie wahrscheinlich noch nicht selbst empfunden hast, aber ich kann mir einen Begriff davon machen.

Stoppel. Und Ew. Gnaden waren doch auch nie in einer ähnlichen Lage, um das zu beurtheilen?

Gutherz. Das ist nicht nothwendig. Sag' mir einmal, wie wäre denn dir, wenn du plötzlich eine Million hättest, was thätest denn du damit anfangen?

Stoppel. Eine Million? — O Million! das müßte a Leben sein! Ich kommet aus die Agrements gar nicht heraus. Ein Vierspänniger wär' einmal das Erste, so ein Quartett zu dirigiren, muß eine eigene Passion sein.

Gutherz. Und weiter!?

Stoppel. Nu dann a 12 bis 15 Zimmer, mit ein

Wort, eine Götterwohnung; das Paradies müßte eine reine Afterwohnung dagegen sein; dann alle Gattungen Tafeln, Picknicks, arbeiten gar nir — o Seligkeit!

Gutherz. Also siehst du, du kannst dir recht gut ein Leben versinnlichen, wie du es als ein vermöglicher Mann führen thätest, warum soll sich also ein Reicher nicht das Leben eines Armen versinnlichen können? — gar so viel Phantasie gehört da nicht dazu.

Stoppel. Ja, wenn Alle so denketen, wie Ew. Gnaden!

Gutherz. Wenn auch nicht Alle, die Meisten denken gewiß so. Ich lasse keinen Stein auf die Reichen werfen. Wenn man die Masse der wohlthätigen Sammlungen, das Erträgniß der vielen Humanitäts-Zwecke genau prüfen wollte, so kommt eine Wohlthätigkeits-Summe heraus, die, in gleiche Theile repartirt, das Vermögens-Verhältniß von manchem Wohlthäter sogar übersteigen würde.

Stoppel. Ich will da nicht widersprechen, Ew. Gnaden, aber die Leute verlangen am Ende Alles, was sie an ein Andern sehen.

Gutherz. Das ist auch zu entschuldigen; die menschlichen Wünsche sind zahllos; bei dem Anblick alles Schönen und Angenehmen entsteht unwillkührlich im Herzen der Wunsch, es zu besitzen; wenn man nun darum bittet, so ist es ein laut gewordener Wunsch; wird er nicht erfüllt, ist es ein frommer Wunsch; aber die Wünsche sind einmal die Feder in dem Uhrwerke des menschlichen Herzens, und nimmst du dem Menschenherzen seine Wünsche, so hört es auf zu schlagen.

Stoppel. Ist Alles recht, Ew. Gnaden, aber nur mit Maaß und Ziel; ich muß nicht Alles haben wollen. Z. B. ich, in meiner subordinirten Stellung, ich werde mir nie den Wunsch einfallen lassen, so daher zu gehen, wie Ew. Gnaden, ich bleib' bei meinem G'wand, was für mich g'hört — (er sieht sich an und, wie vom Blitz getroffen, sagt er) O Million, jetzt hab' ich noch allerweil seinen Schlafrock an! (er nimmt die Schooße des Schlafrockes rasch hinter seinem Rücken zusammen und hält sie über den linken Arm, und zwar so, daß er den Schlafrock dadurch vor seinem Herrn, welcher rechts steht, zu verbergen sucht.) Wenn der den Schlafrock sieht, jagt er mich augenblicklich davon.

Gutherz (ist zum Tisch rechts getreten). Er hat sich selber g'fangt, wie der Fuchs im Eisen. (laut.) Ich werde dir also das Bewußte einsiegeln und du gehst dann gleich damit hinüber. (setzt sich, schreibt einen Brief, wickelt eine große Banknote ein und siegelt.)

Stoppel (für sich). Jetzt nun geschwind herunter mit dem fremden Schäler! (lokaler Ausdruck für Gewand.)

Gutherz (schreibt, ohne ihn anzusehen, fort.)

Stoppel (hat sich nach dem Hintergrunde gezogen, und, indem er immer ängstlich auf seinen Herrn blickt, will er den Schlafrock heimlich auszuziehen, wie er den rechten Arm schon entkleidet hat, dreht sich Gutherz plötzlich um).

Gutherz. Du, Stoppel! Du kannst — Was machst du denn dort? (geht auf ihn zu.) Das ist ja mein Schlafrock?

Stoppel (in großer Verlegenheit, einen Arm entkleidet, tritt vor). Ich bitt' um Verzeihung, Ew. Gnaden!

Gutherz. Ja sag' mir nur, was treibst du denn?

Stoppel. Mir ist ein Malheur passirt.

Gutherz. Wie kommst denn du zu meinem Schlafrock?

Stoppel (verlegen). Ich hab' ihn heut früh ausklopfen wollen, und weil unser Kleiderstock gebrochen ist, hab' ich ihn an mir selber gleich ausbürst, und hab' nachher vergessen, ihn auszuziehen.

Gutherz (lachend). Nu weißt du was, behalt' ihn nur an, er ist dir geschenkt, aber lasse heut noch den Kleiderstock machen, verstanden?

Stoppel (hastig in den ausgezogenen Aermel hineinschliefend). Ich küß die Hand, Ew. Gnaden! (für sich.) Merkwürdig! Ich hätt' ihn in meinem Leben nicht kriegt, aber kaum hat sich's gezeigt, daß ich ein Stock gewesen bin, gleich folgt die Belohnung.

Gutherz (gibt ihm den Brief). So, da gehst du hernach hinüber und gibst das der armen Familie! Versteht sich aber, auf eine zarte Manier, daß sie sich nicht etwa beleidigt fühlt, dann gehst du in die Stadt und holst mir für heute zwei Sperrsitze in Ernani.

Stoppel. Ganz gut, Ew. Gnaden!

Gutherz. Dann gehst du zum Fräulein Rosa und sagst, daß ich sie um 6 Uhr abholen werde.

Stoppel (gibt ihm Hut und Stock). Könnt' ich nicht, wenn ich schon in der Stadt bin, zum Schneider um Ihren Paletot gehen? Er hat ihn heut wieder nicht gebracht?

Gutherz. Das kannst du thun, aber gib Acht, daß du ihn nicht auch in der Zerstreuung anziehst. —

Stoppel. O nein, Ew. Gnaden, das g'schieht mir g'wiß nicht mehr. Ich begreif' überhaupt nicht, daß mir das nicht gleich aufg'fallen ist. (für sich.) Der verdammte Kaffee mit Rum.

Gutherz. Nu, nu, laß es nur gut sein, du bist halt

auch einer von denen Leuten, die ihre eigenen Fehler nie bemer=
ken, wenn sie aber an ein Andern das Geringste finden, so
machen's ein Lärmen und sehen Alles in so vergrößertem Maaß=
stab, als wenn sie statt zwei A u g e n ein paar R i e s e n =
t e l e s k o p im Kopf hätten. Merk' dir das! (durch die Mitte ab.)

S e c h s t e S c e n e.
S t o p p e l (allein).

Das war ein curioser Stich. Ich hab' statt zwei A u g e n
ein paar R i e s e n t e l e s c o p! Wenn ich also jetzt Augenweh
krieg', so muß ich statt zu einem Augenarzt zum Optikus hin=
eingehen. (indem er sich ansieht und seinen Schlafrock betrachtet.)
Nu, für so ein Präsent kann man sich schon a Bissel was
sagen lassen! Uebrigens ist es mir sehr angenehm, daß er mir
sein G'wand schenkt, wenn ich es einmal ang'habt hab', da
wird gleich morgen sein blauer Quäker angezogen, auf den
hab' ich schon lang eine Passion!
(die Stimme einer Kräutlerin von Außen.)
Lavendel! Um ein Kreuzer zwei Büschel Lavendel!
S t o p p e l. Ha, Wink des Schicksals! (läuft zum Fenster.)
He, Frau, komm' Sie herauf! — Das Ding soll so gut sein
für die Schaben, ich muß jetzt auf unser G'wand doppelt Acht
geben.

S i e b e n t e S c e n e.

S t o p p e l. K r ä u t l e r i n (mit einer Butte beladen, wo oben
Blumenstöcke zu sehen, in der Hand trägt sie Lavendelkraut.)

K r ä u t l e r i n. Ich bitt' Ew. Gnaden, haben Sie mich
geruft?
S t o p p e l (nobel). Jawohl! Treten Sie näher!
K r ä u t l e r i n. Ich küß die Hand, Ew. Gnaden! Was
schaffen's denn?
S t o p p e l. Liebe Frau, bei Ihnen bekommt man also
den Schaben vertilgenden Lavendel?
K r ä u t l e r i n. Ja, Ew. Gnaden, ich bitt', zwei Büschel
ein Kreuzer!
S t o p p e l. Zwei Büschel ein Kreuzer? Nu, geben Sie
mir ein Büschel — da krieg' ich einen halben heraus.
K r ä u t l e r i n. So da ist der halbe — (gibt ihm ein Bü=
schel und einen halben Kreuzer.)
S t o p p e l. Lassen Sie das, der Halbe g'hört Ihnen
für'n Gang.

Kräutlerin. Ah na, Ew. Gnaden, das ist nit nöthig! Z'schenken brauch' ich nir, da nehmen's nur noch a Büschel dazu. (gibt ihm ein zweites.)

Stoppel. Auch recht.

Kräutlerin. Schöne Blumenstöckel hätt' ich auch, Ew. Gnaden, wenn's was brauchen?

Stoppel. Nein, das nicht. Ich bin ein Blumenfeind.

Kräutlerin. So?

Stoppel. Ich hab' einmal Einem 10 Gulden g'liehen und wie ich's nach zwei Jahren z'ruckverlangt hab', hat er mich einen Esel g'heißen — und wie ich ihn geklagt hab', hat er g'sagt, es war blos durch die Blume gesprochen — er hat nämlich damit eine Anspielung auf meine Eselsgeduld machen wollen, weil ich zwei Jahre gewartet hab', und seit dieser Zeit bin ich ein Blumenfeind.

Kräutlerin. Nu, ich empfehl' mich, Ew. Gnaden! (geht und kehrt wieder zurück, geheimnißvoll.) Sie, Ew. Gnaden, Sperrsitz brauchens keine?

Stoppel (ganz perplex). Was? Sperrsitz? Vielleicht zu einer Vorstellung am Naschmarkt?

Kräutlerin. Na, na, ins Theater!

Stoppel. Ja, seit wann handeln denn die Kräutlerinnen mit Sperrsitz?

Kräutlerin. Das ist schon was Altes. Sehe, Ew. Gnaden?!

Stoppel. Meiner Seel'! da brauch' ich für mein Herrn keine mehr zu kaufen. Gebens her a Paar!

Kräutlerin. So, da habens ein Ecksitz dazu — der kost halt a Bisserl mehr.

Stoppel. Ah, ich versteh'! Nu, da hat die Frau 's Geld! Mir hat's ordentlich die Red verschlagen.

Kräutlerin. Küß die Hand, Ew. Gnaden! (ab.)

Stoppel (nachrufend.) Adieu, Kassiererin!

Achte Scene.

Stoppel (allein).

Jetzt frag' ich, ob das nicht die verkehrte Welt ist! Die Sperrsitz bei einer Kräutlerin zu kaufen, es geht nichts mehr ab, als daß der Theaterkassier als Revange mit Kohl und Spinat handelt. Oder sollen vielleicht bei der Kräutlerin die Sperrsitz auf einen grünen Zweig kommen? Auch möglich. Wenn man übrigens die beiden Contraste gegen einander vergleicht, so ist das gerade so ein Unterschied, als wenn Tolby

Jánoś in der Miniatur-Equipage des Tome Pouce ausfahren wollt', und Tome Pouce dafür einen Ringkampf ausschreiben würde. Diese größte und kleinste aller Erscheinungen geben überhaupt Stoff zu vielen Vergleichungen, und es gibt Gelegenheiten, wo man diese beiden Seltenheiten vermöge ihrer Größe an Kraft und Winzigkeit an Gestalt prächtig als Metapher anwenden kann.

Couplett.

1.

Es schreit Einer um, wie wollt' ich strategiren,
Stünd' ich an der Spitze von einer Armee,
Von mir könnte Mancher ja nur profitiren,
Ich wollt' ihnen zeigen, daß ich es versteh';
Meine Kraft ist so groß und mein Muth so verwegen,
Da ist Toldy Jánoś ein Kind nur dagegen.
(kleines Zwischenspiel.)
D'rauf zufällig zeigt sich am Himmel ein Wetter,
Es fangt an zu donnern, da wird er ganz blaß,
Und wie's einmal krachen thut, schreit er gleich Zeter
Und sagt: Ich empfehl' mich, denn sonst werd' ich naß!
Kriecht vor Aengsten in Keller bis vorüber der Guß,
Da wird die Courage zum Zwergerl Tom Pouce.

2.

Es heirath oft Einer a Alte mit Maxen,
Und blos weg'n die Mar'n schwärmt stets er zu ihr:
„Was sind gegen dich alle Schönen von Sachsen,
„Nur dich kann ich lieben, o glaube es mir!
„Die Kraft meiner Liebe, 's ist keine der Lügen,
„Die möcht' selbst im Kampf Toldy Jánoś besiegen!"
So schwärmt er noch allerweil fort a paar Jahrl,
Es schmilzen die Maxen schön langsam zusamm'!
Da hört man auf einmal das eh'liche Paarl
Wie Streit und Verdruß sie jetzt täglich fast hab'n;
Sie hat halt kein Geld mehr die aufsiche Nuß,
Da wird dann die Liebe zum Zwergerl Tom Pouce.

3.

Was machen die Leut' oft für Streich und für Faxen,
Und spiel'n sich mit G'walt auf die Herrschaft die Haus,
Und thun, als ob's Geld auf'm Baum ob'n thät wachsen
Und gehn ewig nur mit'n Bedienten hint'aus.

Und steigen so stolz und so mächtig einher,
Als wenn Toldy Iános der Sieger es wär'.
Doch wenn man dann weiß, wie die Herrschaft entstanden,
Daß die Gläubiger rennen die Thür ornblich ein,
Und daß der Hausmeister muß als Bedienter sich g'wanden
Und daß er kriegt für's Hintnachgehn per Stund a Maaß Wein,
Und daß er oft mit der Livree dem Schneider ausweichen muß,
Da wird die Noblesse dann zum Zwergerl Tom Pouce.

4.

Mein 3stöckig's Haus, ja das müssen Sie sehen,
Mein 3stöckig's Haus, ja das ist schon a Pracht,
Nur der, der ein Haus hat, der kann es verstehen,
Was ein einziger Stock schon für Aufsehen macht.
Und dann erst mit 3 Stock, da steht man so fest,
Da gibt man an Kraft erst dem Toldy den Rest!
Den andern Tag brauchet der Herr a paar Gulden,
Da schaut Einer ins Grundbuch wie's dort sich verhalt,
Und findet, daß alle 3 Stock voller Schulden,
Sogar 's letzte Weißigen is noch nit zahlt,
D'rum ist a mit'n Maurer fast täglich Verdruß,
Ja da wer'n die 3 Stöck dann zum Zwergerl Tom Pouce.

5.

Napoleon hab' ich mir auch angesehen,
Von Paul Delaroche in der Kunstausstellung b'rin,
Und wirklich auf Ehre, ich muß es gestehen,
Es ist wohl so manches Gelungene d'rin.
Doch geg'n all' diese Künstler im Malen nu ja,
Steh' ich wie Toldy Iános so urwüchsig da.
So hör' ich ein Herrn in ein Gasthaus discuriren,
Ich frag' wer er ist, heißt's, er lebt so vom Mal'n.
Ich werd' dann bekannt, er thut mich invitiren,
Nu, denk' ich mir, thust diesem Künstler den G'fall'n.
Wie ich komm, schmiert er Mandelbóg'n 's is a Genuß,
Da wurde der Künstler zum Zwergerl Tom Pouce.

(ab durch die Mitte.)

Verwandlung.

Ein ärmliches Zimmer mit zwei Mittelthüren; die rechte Mittelthüre
ist die Küche, die linke der allgemeine Eingang. Rechts und links
Seitenthüren, links vorne ein Fenster, rechts vorne ein Tisch mit hölzernen Stühlen 2c.

Neunte Scene.

Madame Kummer (mit einem Einkaufskorb aus der Mitte kommend).

Nein, es ist schrecklich! Auf dem Markte ist nichts mehr z'kaufen, die Leut' wissen meiner Seel nimmer, was sie für ihre Sachen verlangen sollen! Vom Fleisch is eh's zehnte Mal bei uns kein Red', auf die Letzt kann man sich nicht einmal a Zuspeis vergönnen. Jetzt kommt fast ein Erdapfel so hoch wie a Pomeranzen. Und spät muß es auch schon sein heut, nu, wenn man ka Fleisch zu sieden hat, kann man schon a Bissel später zusetzen. (hat indessen ihr Tuch abgelegt und ein Küchenvortuch umgenommen) Ist a recht's Kreuz auf der Welt! Die Kleine lauft mir entgegen, ob ich ihr keine Woll zum Stricken bracht hab' — mein Gott, ich hab' keine kaufen können, mir ist ka Kreuzer Geld blieben. (indem sie Kleinholz aus dem Korbe nimmt.) Und 's Holz hat auch eine Theurung! Wenn einem nicht die Sorgen dann und wann warm macheten, müßt man im Winter eh' rein erfrieren. Jetzt darf ich aber da zuschaun, die Marie wird auch bald z'Haus kommen; ich weiß nicht, was dem Mädel seit einiger Zeit ist — alle Augenblick lauft's aus der Arbeit weg und kommt z'Haus, mir scheint ordentlich, 's Mädel ist verliebt; nu, das ginget uns noch ab; ein kranker Mann, ka Geld und a verliebte Tochter! Na, ich sag's, 's ist a Kreuz auf der Welt! (geht mit dem Korbe in die Küchenthüre ab.)

Zehnte Scene.

Marie und Peppi (beide ärmlich, aber nett gekleidet, durch die Mitte).

Marie. Hast du ihn also richtig fortgehen sehen?

Peppi. Freilich; es wird g'rad a halbe Stund sein.

Marie. War er es aber auch gewiß?

Peppi. O ich kenn' ihn ja recht gut an sein quadrillirten G'wand.

Marie (für sich, traurig). Also wieder zu spät!

Peppi. Bevor er fort ist, hat er langmächtig auf unser Fenster herübergeschaut.

Marie (freudig). Auf unser Fenster?

Peppi. Ja, als wenn er wen suchen wollt', auf einmal ist er dann fortgegangen. Aber Marie, warum darf ich's denn der Mutter nicht sagen, wenn's mich fragt, wegen was ich immer beim Gangfenster sitz?

Marie (in sichtlicher Verlegenheit). Weil — weil — (rasch ein anderes Gespräch ergreifend). Ist die Mutter z'Haus?

Peppi. Ja, sie ist g'rad vom Einkaufen kommen. (traurig). Aber Strickwoll hat sie mir wieder keine mitbracht.

Marie. Sei nur ruhig, ich hab' dir eine gekauft, da hast; jetzt sei nur schön fleißig! (links ab.)

Peppi (allein, den Strähn Wolle nehmend). Ah, das ist g'scheidt! (sie stellt zwei Stühle zusammen, über deren Lehne sie die Wolle abwickelt.) Der Maurerg'sell, der neben uns wohnt, sagt öfters: ohne Tabakrauchen könnt' er nicht leben, und mir geht's acurat mit der Strickerei so; wenn ich recht im Stricken d'rinnen bin, vergeß ich manchesmal sogar auf's Essen.

Elfte Scene.

Vorige. Stoppel.

Stoppel (steckt den Kopf zur Thüre herein). Guten Morgen, Schatzerl!

Peppi (ihn erblickend). O je, der Bediente von dem Herrn da drüben, das muß ich gleich der Marie sagen! (läßt den Knäuel fallen und will ab.)

Stoppel (eilt herein.) He, Engerl! wohin denn? Ich erscheine und du laufst davon? Also ist meine Erscheinung zum Davonlaufen?

Peppi. Ich hab' die Schwester holen wollen.

Stoppel. Bleib' nur da, liebes Mauserl! das hat schon noch Zeit. (für sich.) Ich werde die Kleine über die Familienverhältnisse gehörig ausforschen; das ist die sicherste Quelle; denn Kinder und Narren, heißt es, sagen die Wahrheit. (zu Peppi.) Nu, thu' nur deine Woll schön abwickeln — aber das ist ja uncommod — habt's denn keinen Haspel?

Peppi. Nein.

Stoppel. Nu, da bin ja ich da. — Gib nur her! (nimmt die Wolle vom Stuhl weg und über seine beiden Arme.)

Peppi. Hahaha! Wie Sie g'spaßig ausschauen als Haspel! Wenn das Ihner Herr wüßt' —

Stoppel. Mein Herr? Also weißt du wer ich bin?

Peppi. Nu, Sie wer'n doch nicht glauben, daß ich Ihnen für einen wirklichen Haspel halt? Sie sein ja der Bediente von dem gnädigen Herrn drüben.

Stoppel. Da kennt mich deine Schwester gewiß auch?

Peppi. O freilich.

Stoppel (für sich.) Ist mir sehr angenehm, so brauch

ich nicht erſt meinen Heimathsſchein vorzuzeigen. (laut.) Sag'
mir, Kleine, für wen ſtrickſt du denn?

Peppi. Für mich. In acht Tagen iſt mein Geburts-
tag, da ſtrick' ich mir a Paar Strümpf' dazu.

Stoppel. Das iſt ſchön von dir, daß du gegen dich
ſo aufmerkſam biſt. Wie alt biſt du denn?

Peppi. Zwölf Jahr.

Stoppel. Recht ein liebes Mädel das. Ihr Geſicht
hat ſehr viel Talent zur Schönheit (für ſich.) Wenn dieſes
Mädel ſo fortmädelt, das wird ein Mordmädel! Sauber, brav
und fleißig, ſo ſollen die Mädeln alle ſein!

Peppi. Früher war ich noch fleißiger, da bin ich täglich zwei Mal in die Strickſchul' gangen.

Stoppel. Nu, und warum gehſt du denn jetzt nicht mehr?

Peppi. Weil die Mutter 's Lehrgeld nicht zahlen hat
können, hat mich die Frau Lehrerin z'Haus g'ſchickt.

Stoppel (ſchlägt die Hände zuſammen, wodurch er ſich natür-
lich in der Wolle verwickelt). Iſt das die Möglichkeit?

Peppi (traurig). Ja, es iſt wahr.

Stoppel. Krimi Neſer! So was kann mich ordentlich
wahnſinnig machen. (ballt die Fäuſte zuſammen.)

Peppi (auf links zeigend). Da kommt die Marie, fragen
Sie's nun ſelber!

Zwölfte Scene.

Vorige. Marie (tritt erſtaunt aus links).

Stoppel (für ſich). Jetzt geht's gut! (er will die Wolle
abſtreifen und verwickelt ſich immer mehr.)

Marie. Wer iſt denn — Himmel! ſein Diener?!

Stoppel (ſehr höflich). Guten Morgen, Fräulein! Ich
küß die Hand! (ergreift ihre Hand.)

Marie (verlegen die Hand zurückziehend). Mit wem hab'
ich die Ehre?

Stoppel. Sie ſehen, ich bin ein Mann, den man um
den Finger wickeln kann.

Marie. Ich muß bitten, mir zu ſagen —

Stoppel. Ich — er — Sie — (immer bemüht, die
verwickelte Wolle abzuſtreifen.) Es iſt eine verwickelte Geſchichte!

Marie (für ſich). Ich weiß nicht, was ich mir denken
ſoll. Was mag er nur wollen?

Stoppel (hat die Wolle endlich abgeſtreift). Na, endlich!
Gott ſei Dank, die Verwirrung hat ein Ende! Hier, meine
liebe Kleine! (gibt Peppi die Wolle.)

Peppi. Jetzt ist's erst recht verwickelt.

Stoppel. Das sind die Folgen meiner Dienstleistung!

Marie. Mein Herr, darf ich endlich fragen um die Ur=sache Ihres Hierseins?

Stoppel. Die Schwester hat mir bereits mitgetheilt, daß Sie mich kennen, ich brauch' mich also nicht erst zu legitimiren.

Marie. Ah ja, jetzt entsinne ich mich. Sie sind der Bediente des Herrn von Gutherz da drüben.

Stoppel. Bedienter? O nein, Bedienter bin ich nicht, möchte auch keiner sein!

Marie. Sie scherzen wohl?

Stoppel. Nein, es ist mein Ernst. Ich kann über=haupt keinen Bedienten leiden; ein Bedienter bleibt immer ein rachsüchtiger Mensch, denn er tragt seinem Herrn jede Kleinigkeit nach.

Marie. Wie nennen Sie sich also?

Stoppel. Ich bin Factotum.

Marie. Was ist das?

Stoppel. Das ist Alles in Allem. Dazu gehört ein viel reicheres Talent; denn jetzt z. B. trifft sich eine Beschäf=tigung, die eines Secretärs würdig ist; gleich kommt wieder was daher, wo Hausknechtskenntnisse dazu gehören; jetzt heißt es z. B.: den gnädigen Herrn ankleiden, gleich darauf die Spaltung des kleinen Holzes besorgen; mit einem Wort, Factotum!

Marie. In welcher Eigenschaft hab' ich also das Ver=gnügen?

Stoppel (indem er den Brief hervorzieht). Gegenwärtig bin ich niedergeschriebener, zusammengelegter, Adresse verseh=ener, Siegellack betropfter Gedanken=Ueberbringer, vulgo Brief=träger!

Marie (für sich.) Himmel!

Stoppel (fortfahrend). Und habe somit als Privatbrief=träger die Ehre, Ihnen dieses marklose Schreiben meines Herrn zu überreichen. (gibt ihr den Brief und zieht sich mit komischem An=stande zurück.)

Marie (für sich). Meine Ahnung hat mich nicht getäuscht. (laut.) Was kann mir Herr von Gutherz zu schreiben haben?

Stoppel (achselzuckend). Wie kann ich das wissen? Das Briefgeheimniß ist mir heilig. (für sich.) Ich weiß nur, daß Geld d'rinnen ist.

Marie (erbricht zitternd den Brief, worin sich eine Kaſſa=Anweisung von höherem Betrage befindet). Wie? Geld?! (sie liest't

haftig den Brief durch, dann für sich.) O welche bittere Enttäu=
schung! (zu Stoppel, indem sie ihm die Banknote gibt, mit tiefer
Empfindung.) Mein Herr, hier nehmen Sie! Sagen Sie dem
Manne, der Ihnen dieses verächtliche Geschäft aufgetragen,
daß er es wahrscheinlich nicht zu beurtheilen versteht, welch'
bittere Kränkung er mir angethan; sagen Sie ihm, daß er ja
nicht glauben solle, es ließe sich mit Geld jede That beschöni=
gen. Als einem jungen Manne, der vielleicht anderseits auf
ähnliche Weise Versuche gemacht, verzeihe ich ihm diesmal die
Beleidigung, die er sich gegen die Ehre eines armen Mädchens
erlaubt; doch wagen Sie, mein Herr, es nie wieder, in ähn=
licher Absicht über diese Schwelle zu treten! (links ab.)

Mad. Kummer (ist schon früher bei halbgeöffneter Küchen=
thüre im Prospekte sichtbar gewesen und hat Alles mit angehört; sie
trocknet sich mit der Schürze die Augen und bleibt auch bis zum Ab=
gange Stoppels sichtbar. Am Schluß von Stoppels Rede geht sie
langsam und mit sich selbst kämpfend gegen den Tisch vor, auf wel=
chem das Geld liegt.)

Stoppel (steht ganz verblüfft da). Wie mir jetzt ist, so
stell' ich mir einen Menschen vor, der einen halben Vierling
Schwefeläther g'schluckt hat! Das war keine Zurechtweisung
mehr, das war eine reine moralische Ohrfeigen' — Was soll
ich jetzt machen? Soll ich mein Herrn das Geld zurückbrin=
gen? Nein, diese Kränkung mag ich ihm auch nicht anthun,
er hat es ja gut und ehrlich g'meint, er wird sich halt in dem
Brief a Bissel dalket ausdruckt haben. Mein Gott! so a armes
Madel, die nichts hat als ihre Ehre, die hat recht, wenn's Acht
gibt d'rauf. Weiß ist die heiklichste Farb'; darum ist auch
die Unschuldsfarbe weiß, um dadurch anzuzeigen, wie heiklich
man damit umgehen soll, denn für einen Fleck, der der Ehre
eines Mädchens angethan wird, sind noch keine Fleckkugeln
erfunden. Aber, wie gesagt, das Geld trag' ich auf keinen
Fall mehr z'Haus. Halt! da leg' ich's her; da muß es ihr in
die Augen fallen; wenn sie's da find't, wird sie ruhig über die
G'schicht nachdenkt haben, und will sie's durchaus nicht, so
soll si's selber z'ruckschicken, so bin ich vor mein Herrn gerecht=
fertigt. (legt es auf den Tisch.) So, da liegt's!
Ich hab' das Meinige gethan!
Jetzt, Armuth, thu' das deinige!
(durch die Mitte ab.)

(Der Vorhang fällt unter passender Musik.)

———

Zweiter Akt.

Erste Scene.

Gutherz und Prellheim.

Prellheim. Freundchen, du kannst auf meine Worte bauen. Es ist eine der glücklichsten Spekulationen, die du nur machen kannst.

Gutherz. Aber bedenke, mein ganzes Vermögen steht auf dem Spiele.

Prellheim. Steht auf dem Spiele? Was das für eine Redensart ist, eine Spekulation, bei der im schlimmsten Falle ein Gewinn von 50 Procent erwächst; das nennst du auf dem Spiele stehen?

Gutherz. Wenn ich mich nur selbst davon überzeugen könnte!

Prellheim. Nichts leichter als das, und das mußt du sogar, ich bestehe darauf. Es wird dir ein Leichtes sein, die Summe heute noch flüssig zu machen; ich besorge für uns Postplätze, wir reisen heute Abend mitsammen ab, kommen morgen daselbst an, du überzeugst dich von Allen, wirst Alles genau so finden, wie ich dir gesagt, und kehrst vollkommen beruhigt wieder zurück.

Gutherz. Nu, der Plan ist nicht ohne, und ich werde gleich Anstalten treffen, mußt nicht böse sein, es ist kein Miß=trauen gegen deine Person, aber der Gegenstand betrifft mein ganzes Vermögen, und ein Unglück ist bald geschehen. Ich habe einmal eine Geschichte gelesen von a reichen Müller, der den Leuten so fürchterlich ins Herz gangen is und wo sich der merkwürdige Fall ereignet hat, daß die Leut' in seiner Mühl' anstatt weiß alle schwarz geworden sein. Also wir wollen über die Sache noch weiter discuriren, geh' einstweilen in mein Cabinet, ich habe nur meinem Diener Einiges aufzutragen. (läutet.)

Prellheim. Gut Freundchen, ich werde vorläufig einen Ueberschlag der Summe machen, die zur Beschaffung der Ma=schine erheischt wird; komme bald nach! (rechts ab.)

Zweite Scene.

Gutherz. Stoppel.

Stoppel (tritt mühselig ein). Ew. Gnaden befehlen?

Gutherz. Na wie ist's denn, hast du Alles besorgt?

Stoppel. Ew. Gnaden, ich bin erst vor einer Vier=
telstunde z'Haus kommen und hab' geschwind gessen.

Gutherz. Vor einer Viertelstund, ja wo warst du
denn so lang?

Stoppel. Na erlauben Sie, Ew. Gnaden, der Schnei=
der wohnt am Rennweg, das Fräulein Rosa in Mariahilf,
und wir wohnen in der Jägerzeil; drei curiose Distanzen —
und dann ist mir ein Malheur passirt.

Gutherz. Schon wieder?

Stoppel. Wie ich von Mariahilf am Stephansplatz
z'ruckkomm, bin ich entsetzlich müd gewesen, da fällt mir ein,
daß in die Vorstadt jetzt eigne Stellwägen fahren; ich frag'
einen Fiacre, wo die Stellwägen in d'Jägerzeil stehen. „Na,“
sagt er, „steigen Sie nur dort in den Wagen hinein, der wird
gleich fortfahren.“ Ich schlepp' mich mühsam zu dem Wagen
hin, steig hinein und schlof vor Müdigkeit ein; auf einmal
weckt mich wer auf und schreit: „Mir sein schon da!“ Ich
steig halb im Schlaf aus, zahl' mein Sechser, und der fort fort;
ich schau mich um unsere Gassen um, und wer beschreibt mei=
nen Schrecken, steh' ich anstatt vor der Jägerzeil vor der Ma=
riahilfer Linie. Der Fiacre hat seinen Stellwagen an mir
auslassen, und i bin am Mariahilfer Wagen so schmählich
aufgesessen.

Gutherz. Hahaha! Was dir heut Alles geschieht!

Stoppel. Jetzt hab ich also wieder z'Fuß gehen müssen,
denn die Stund war schon vorbei, wo der Wagen z'ruckfahrt;
jetzt können sich Ew. Gnaden einen Begriff machen, der ewige
Jud kann nicht so müd sein wie ich.

Gutherz. Du gibst es schon so nobel, warum hast
du dir keinen Fiacre genommen?

Stoppel. Das wär mir zu hoch kommen; aber a Mil=
lion hätt' ich geben für an Stellwagen.

Gutherz. Uebrigens ist Alles besorgt, was ich dir
g'sagt hab?

Stoppel. Alles in der schönsten Ordnung; der Pale=
tot ist noch nicht fertig und d'Fräulein Rosa war nicht z'Haus.

Gutherz. Da gehst du gleich nach dem Essen wieder
hin, und sagst, daß ich um 6 Uhr komme.

Stoppel (für sich). I dank. Mit die Füß noch a Mal
nach Mariahilf, und i wett', sie is wieder nicht zu Haus, oder
sie will eigentlich nicht zu Hause sein; o ich könnt ihm ein
Licht aufstecken, wenn ich wollt!

Gutherz. Aber apropos, du sagst mir ja gar nicht, was
ist es denn da drüben gewesen bei der armen Familie?

Stoppel (für sich). O je, was sag ich denn jetzt, ich weiß nicht, was weiter geschehen ist. (laut.) Ich war drüben, Ew. Gnaden, und da war g'rad die Tochter zu Haus.

Gutherz. Du hast also mit ihr gesprochen?

Stoppel. Freilich. Ich hab ihr auf eine sehr zarte Weise das Bewußte übergeben; wie sie das Geld gesehen hat, ist eine Erschütterung in ihrem Innern vorgegangen, wo sich das Erdbeben von Calabrien rein verstecken muß.

Gutherz. Sie hat es also angenommen?

Stoppel (gedehnt). Freilich. (für sich.) Es ist ja auch wahr, bis jetzt hat sie es angenommen. (schnell einen andern Discours ergreifend.) Jetzt hätt' ich bald vergessen, Ew. Gnaden, da sein die zwei Sperrsitze! (für sich.) Das braucht der auch nicht zu wissen, daß ich sie auf kräutelndem Wege errungen.

Gutherz. Aha, hör' mich an! Als Entschädigung für deine heutigen Strapazen schenk' ich dir die zwei Sitze für heute ins Theater, kannst allenfalls die Köchin mitnehmen, aber gleich nach dem Theater nach Hause kommen, weil ich wahrscheinlich heut noch verreise.

Stoppel. Was? Also wann das Theater aus ist, so verreisen Ew. Gnaden?

Gutherz. Ja, das darfst du aber bei der Rosa nicht laut werden lassen. Hast du mich verstanden?

Stoppel (geheimnißvoll lächelnd mit Verbeugung). Allerdings.

Gutherz. So, jetzt ans Geschäft! (rechts ab.)

Dritte Scene.

Stoppel. Dann Nani.

Stoppel (allein). Was? Er reißt also fort, und heut Nacht noch? Ja warum denn? Ei was kümmert mich das, mich beschäftigen jetzt wichtigere Gedanken, ich habe zwei Sperrsitze, sage: zwei Sperrsitze ins Theater! das ist ein eigenes Gefühl. Sonderbar, bei manchem Menschen greift kein Präsent so an als zwei Sperrsitze. Aber die Köchin wird Augen machen, wenns hört, daß sie mitgehen darf. (Nani tritt ein.) Da kommts g'rad. Sie, Nani, kommens her da!

Nani. Ich hab keine Zeit. (will rechts ab.)

Stoppel. Bleibens da, sag' ich, der Herr speis't heut nicht zu Haus, folglich habens nichts zu thun da drinnen; machens Ihnen aber jetzt gefaßt, liebe Nani, Ihnen wird eine Auszeichnung zu Theil, wie die Geschichte nur selten aufzuweisen hat. (spielt vornehm mit den Billets.)

Nani (neugierig). Eine Auszeichnung? Wollen Sie mir vielleicht einen Heirathsantrag machen?

Stoppel. O nein, im Gegentheil, ich laß Ihnen sitzen!

Nani Sie lassen mich sitzen?

Stoppel. Ja mit diese zwei Sperrsitze. Ich habe sie mir heute gekauft, weil eine Lieblings=Oper gegeben wird; damit mir aber nicht die Zeit lang wird, so können Sie mit gehen.

Nani. Ist das wahr, Herr Stoppel? Und was wird denn für ein Stück gegeben?

Stoppel. Was g'rad auf uns Zwei paßt: „Ernani" wird gegeben. „Er" bin ich, „nani" sind Sie.

Nani. A Spektakel!

Stoppel. Ich fürchte nur, daß es vielleicht ein Pas= quill auf uns Zwei ist, diese Unart ist jetzt überhaupt modern, daß man sich die nächst beste beliebige Privatperson aussucht und bringt sie aufs Theater.

Nani. O je! da thät' ich mich weiter nicht geniren.

Stoppel. Ob Sie sich geniren oder nicht, das genirt so einen Dichter Alles nicht. Aber sagen Sie mir, was wer= den Sie denn anziehen, Sie müssen Ihnen nobel zusammen= richten, daß wir was gleich sehen.

Nani. Nu, mein neues Kleid und mein neuen Hut.

Stoppel. Schön frisiren, a paar Blumen wären auch angezeugt, schauens, daß Sie wo a paar Kamehl ins Haar kriegen, Ihren Stutzen könnens auch mitnehmen.

Nani. Aber ich bitt' Ihnen, mitten im Sommer mit dem Stutzen.

Stoppel. Das macht nir, die Leut' sollen sehen, daß wir was haben. Ich ziehet auch mein Pelzrock an, wenn er nicht beim Kürschner wär.

Nani. Nu, Sie werden zufrieden sein mit mir, ich werd' Ihnen gewiß Ehre machen.

Stoppel. Ich hab früher noch einen Gang; wenn ich zu Hause komme, wird gleich gegangen. Apropos! noch eins, die Oper hat 4 Akte, da müssen wir die Zwischenakte auf eine nützliche Weise ausfüllen.

Nani. Nu da zahlt mir der Herr Stoppel a G'frornes.

Stoppel. Na wegen meiner; aber ich mag dieses G'fraß nicht, ich muß Compactes haben. Wissens was, neh= mens mir a paar Servalati mit und an Brotwecken.

Nani. Nu warum denn nit gar an Fünfgroschen=Laib?

Stoppel. Wir werden auch jedenfalls Nachbarschaft haben, da erfordert die Etikette, daß man rechts und links auf= wartet, d'rum nehmens gleich zwei Brotwecker.

Nani. Na i dank!

Stoppel. Ein Operngucker wär auch angezeigt, wartens da fallt mir was ein. (nimmt aus der Tischlade ein langes viertheiliges Perspektiv heraus und zieht es auseinander.) Ich nimm den Herrn sein Perspektiv mit.

Nani. Und was nimm denn ich?

Stoppel. Ich gib Ihnen schon ein Stückel davon; es hat ja 4 Theile, passens auf, was wir Zwei für ein Aufsehen machen, Sie werden sehen, wie Alles mit den Fingern auf uns zeigen wird, Alles wird sagen: „schauts dieses elegante Paar an!"

Nani. Auf die Letzt glauben die Leut gar', Sie sind mein Geliebter.

Stoppel. Nu wär das vielleicht ein Unglück?

Nani. Das g'rade nicht, aber —

Stoppel. Was aber —? Ein Mann in meinen Jahren, das ist g'rade die rechte Jahreszeit. Es gibt einen Frühling, einen Sommer, einen Herbst und einen Winter der Liebe, ich bin g'rad mitten im Sommer.

Nani. Und ich?

Stoppel. Bei Ihnen weht noch Frühlingsluft.

Nani. Jetzt möcht' ich wissen, wie Sie Ihnen diese vier Jahreszeiten der Liebe vorstellen.

Stoppel. Na wartens, weil wir g'rab Zeit haben, werd' ich Ihnen hierüber Aufschlüsse geben.

Duett.

Nani.
Wie bin ich begierig, o schnell sage mir,
Den Frühling der Liebe wie denkst du ihn dir?

Solo.
Stoppel.
Veilchenblau.
In der Au'
Vogelsang,
Lerchenklang,
Schmetterling,
Buntes Ding,
Frühlingsluft,
Blüthenduft.

(Jodler, wo Nani jodelt und Stoppel nach Art der Schmetterlinge um Nani herumflattert; am Schlusse Gruppe, wo Stoppel mit beiden Händen die matten Flügel bezeichnet und kniend spricht.)

Der sterbende Schmetterling!

2.

Nani.

Nun bin ich begierig, o schnell sage mir,
Den Sommer der Liebe, wie denkst du ihn dir?

Stoppel.

Meeresstrand,
Sonnenbrand,
Feurig Blut,
Lavagluth,
Heißer Tag,
Hagelschlag,
Blitzespfeil,
Donnerkeil.

(Jodler im furiosen Style, wo Beide abwechselnd jodeln; am Schlusse
Donner mit Einschlag; Beide ducken sich zu Boden. Stoppel sagt.)

Hat's Ihnen getroffen?

Nani. Nein.

Stoppel. Gott sei Dank! mich auch nicht.

3.

Nani.

Jetzt bin ich begierig, o schnell sage mir,
Den Herbst der Liebe, wie denkst du ihn dir?

Stoppel.

Hörnerklang
Und Jagdgesang,
Flüchtig Reh
In der Näh',
Traubensaft
Gibt uns Kraft,
Guter Tausch,
Süßer Rausch.

(Jodler im Jagdstyle; am Schlusse Ländler, wo sich Stoppel betrun-
ken stellt und sagt.)

Weib für mich zu Haus!

4.

Nani.

Und jetzt noch zum Schlusse, geschwind sage mir,
Den Winter der Liebe, wie denkst du ihn dir?

Stoppel.

Husch, husch,
Nachtluft weht,

Husch, husch,
Zeit vergeht,
Husch, husch,
Sand rinnt ab,
Husch, husch,
Steig ins Grab!
(Jobler, worin Beide im Tone der alten Leute jobeln; am Schlusse
hängt sich Nani in Stoppels Arm und Beide trippeln komisch ab.)

Verwandlung.

Zimmer mit Mittel= und Seitenthüre.

Vierte Scene.

Rosa und Louis (von rechts).

Rosa. Ich glaube, Sie hätten eine bessere Gelegenheit
abwarten können, um Ihre Vorwürfe anzubringen, als in
Gegenwart der Lehrmädchen, Sie eifersüchtiger Othello!

Louis. Das ist nur Ihre Schuld. liebe Rosa, Sie ken=
nen mich, wie ich bin, warum geben Sie mir Anlaß dazu?

Rosa. Kann ich dafür, wenn mich Jemand grüßt?

Louis. Dagegen habe ich auch nichts einzuwenden; ich
spreche nur von den glühenden Blicken, die Ihnen dieser Herr
zugeworfen hat

Rosa. Glühende Blicke? Ich sah nur seinen Gruß.

Louis. Und Sie erwiderten ihn auf eine eben so auf=
fallende Weise.

Rosa. Lächerliche Bemerkung; ich muß Ihnen sogar
sagen, daß ich den jungen Mann nur vom Sehen kenne und
nicht einmal weiß, wer er ist.

Louis. O ich kenne ihn schon, es ist der junge Gut=
herz, der vor einigen Jahren einen reichen Onkel beerbte und
nun wahrscheinlich glaubt, mit seinem Gelde die ganze Welt
zu seinen Füßen zu sehen; aber er soll mir nur trauen.

Rosa. Nun am Ende wären Sie im Stande, ihn für
das, daß er Jemanden artig grüßt, zur Rede zu stellen.

Louis. Rosa, himmlische Rosa! Sie wissen, wie sehr
ich Sie liebe, Sie wissen, daß ich bei Ihrer Mama blos deß=
halb noch nicht um Ihre Hand anhalten darf, weil ich bis
jetzt noch kein selbstständiges Geschäft besitze und sie mir dieses
zur Bedingung gestellt hat. Sie wissen aber auch, wie rast=
los ich bemüht bin, diese Bedingung erfüllen zu können, und
anstatt daß Sie mich hierin unterstützen möchten, machen Sie

mich ärgerlich und zerstreut; ich habe dann keine Lust zu meinem Geschäfte, bringe ganze halbe Tage in unseligem Nachdenken zu und komme nie an das ersehnte Ziel meiner Wünsche.

Rosa. Geben Sie diese lächerliche Eifersucht auf und lassen Sie uns von einer ernsten Sache sprechen. Lieber Louis, es ist nun beinahe ein Jahr, daß Ihnen die Mama die Bedingung zu unserer Verbindung mitgetheilt hat; jetzt sagen Sie mir aber aufrichtig, wie viel haben Sie in der Sache gethan?

Louis. Ja, liebe Rosa, um ein Geschäft zu entriren, brauche ich doch wenigstens 2000 Gulden, und da habe ich noch ziemlich lange zu arbeiten, bis ich mir von meinem kleinen Gehalte 2000 Gulden erspare; denn mit den Nebenverdiensten geht es jetzt doppelt schwer, derlei Kundschaften werden immer schwerer.

Fünfte Scene.
Vorige. Lenchen.

Lenchen (tritt aus rechts und ruft). Ich bitte, Fräulein, es ist eine Kundschaft im Gewölbe.

Rosa. Ich komme schon. Warten Sie, lieber Louis, ich bin gleich zurück. (mit Lenchen rechts ab.)

Louis (allein, nach einer Pause des Nachdenkens). Und wenn sie sich noch so unschuldig stellt, ich lasse mir es nicht nehmen, der saubere Herr von Gutherz spielt hier eine andere Rolle, als die eines Bekannten vom Sehen her; doch nur Geduld, ich komme der Sache noch auf den Grund — aber dann wehe, wehe!

Sechste Scene.
Vorige. Stoppel (von Außen).

Stoppel. Das ist Alles eins, ich muß hinein! (tritt durch die Mitte ein.) Ich bin heute 's zweite Mal schon da, glauben Sie, ich werde noch einmal herlaufen?

Magd (die mit Stoppel eintrat). So warten Sie hier, ich werde das Fräule herausrufen.

Stoppel (triumphirend). Aha, sie ist also doch zu Hause und draußen habens gesagt, sie ist nicht zu Haus.

Louis. Was will der Mensch?

Magd (stotternd). Er will mit dem Fräulein Rosa sprechen, ich werde — (will rechts ab.)

Louis. Bleiben Sie! Das Fräulein kommt ohnedies gleich heraus. Gehen Sie nur!

Magd (im Abgehen für sich). Nu mir ist's recht. (durch die Mitte ab.)

Stoppel (bei Seite). Aha! das ist gewiß der, wegen dem ich nie herein darf.

Louis. Was wünschen Sie von dem Fräulein?

Stoppel (für sich.) Einen Andern saget ich es nicht, aber das ist der, wegen dem ich nie herein darf, dem sag' ich's, der wird sich giften genug darüber.

Louis. Sie wollen es mir nicht mittheilen? Also wahrscheinlich ein Geheimniß?

Stoppel (spitzig). Geheimniß? Gott bewahre! Warum soll mein Herr ein Geheimniß daraus machen, wenn er der Fräulein Rosa sagen laßt, daß er um 6 Uhr so frei sein wird, seine Aufwartung zu machen.

Louis. Wie, was sagen Sie?

Stoppel (bei Seite). Er wird blaß, das ist schon der, wegen dem ich nie herein darf.

Louis. Ihr Herr, wer ist der?

Stoppel. Mein Herr, das ist der Herr von Gutherz, wenn er Ihnen bekannt ist.

Louis (niedergedonnert). Wie, Herr von Gut —

Stoppel. Herz. Bitte auf's Herz nicht zu vergessen, das ist die Hauptsache bei ihm.

Louis. Und Ihr Herr läßt dem Fräulein sagen, daß —

Stoppel (einfallend). Daß er um 6 Uhr so frei sein wird, zu erscheinen.

Louis. In welcher Angelegenheit, das wissen Sie nicht?

Stoppel (parodirend). Nein — das heißt — ich glaube — man könnte wohl mit einem Wort — ich weiß es nicht genau, aber, wie gesagt, das ist mein Auftrag, und wenn Sie so gefällig sein wollten —

Louis. Ja, ja, allerdings! Sie brauchen deßhalb nicht mehr zu warten, ich werde Ihren Auftrag dem Fräulein zu wissen machen, darauf können Sie sich verlassen.

Stoppel (für sich.) Ich glaub's gern, keinen Bessern hätte ich mir dazu gar nicht aussuchen können. Ich habe drei Fliegen mit einem Schlage getroffen, meinen Herrn vom Abgrund gerettet, das Laster entlarvt, und an dem da meine Rache gekühlt.

Louis (der desperat herumlief). Nein, nein, es ist nicht möglich! und dennoch — (auf Stoppel zeigend.) hier der sprechende Beweis, o Schlange!

Stoppel (bei Seite). Wie er umschießt! Es ist kein Zweifel mehr, es ist der, wegen dem ich nie herein darf! (laut.)

Also parole d'honneur! Sie haben mir versprochen, meine Post auszurichten, damit Sie's nicht vergessen, werde ich's Ihnen nochmals wiederholen: (im Marktschreier Tone.) Mein Herr, der Herr von Gutherz, Realitäten=Besitzer und Mitglied mehrerer Vereine zur Unterstützung der leidenden Menschheit, wird die Ehre haben, sich Punkt 6 Uhr hier vorzustellen. Bei ungünstiger Witterung bleibt dieselbe Vorstellung. Gehorsa= mer Diener! (gravitätisch ab.)

Louis (allein.) Ja, wie ist mir denn? In mir tobt und gährt es wie in einer Dampfmühle. O Weiber! Aber warte, falsche Schlange! Dieser Stunde sollst du ewig gedenken! Sie wird zwar wieder läugnen, und ich habe jetzt keinen Beweis in Händen. Ich hätte eigentlich den Menschen hier behalten sollen, doch es ist so besser. (nachdenkend.) Ja, ja, so will ich's machen — um 6 Uhr also — es ist ohnedies nicht mehr weit davon — da will ich — doch still, sie kommt! — Jetzt ruhig, stürmende Seele, bis zur entscheidenden Stunde.

Siebente Scene.

Voriger. Rosa (aus rechts).

R o s a. Ach lieber Louis, sind Sie nur nicht böse, aber Sie wissen wie die Kunden sind, um ein einfaches Häubchen zu verkaufen, muß man sein ganzes Waarenlager zur Schau geben. Die Zeit mag Ihnen wohl lang geworden sein.

Louis. O nicht doch! Ich habe indeß in dem Buche der Erfahrungen ein sehr interessantes Kapitel entdeckt.

R o s a. Und darf man wissen, worin dieses besteht?

Louis. Ich werde nicht ermangeln, wenn ich damit zu Ende bin, es Ihnen mitzutheilen, und Sie werden ebenso wie ich dadurch überrascht sein. Doch jetzt leben Sie wohl — liebe — Rosa.

R o s a. Wie, jetzt wollen Sie fort.

Louis. Ja die Zeit drängt mich. Mir fiel so eben ein, daß ich heute noch ein wichtiges Geschäft habe, und ich war= tete nur noch, um nicht ohne Lebewohl von Ihnen zu scheiden.

R o s a. Ein Geschäft? Ein Rendezvous vielleicht?

Louis. Nun wie man's nehmen will, Sie sollen davon erfahren. Leben Sie indessen wohl, meine liebe, theure Rosa! (küßt ihr die Hand beim Abgehen.) O Schlange! (durch die Mitte ab.)

R o s a (allein). Der arme junge Mann! Im Grunde ge= nommen mußte ihn ja der Blick, mit dem jener fatale Gruß begleitet war, auf eine derlei Vermuthung bringen. Was soll

ich aber nun beginnen. Täglich nehme ich mir vor, Herrn
Gutherz die Ursache mitzutheilen, die mich bewegen ließ seiner
Bitte: ein Freund unsers Hauses sein zu dürfen, nachzugeben
und ich habe nie den Muth dazu; doch nun muß es sein, und
eine innere Stimme sagt mir, er wird meine Handlungsweise
nicht übeldeuten. Er hat ja ein gutes Herz und ein solches
pflegt sich für getäuschte Hoffnungen nicht immer mit Bitter-
keit zu entschädigen, aber wie soll ich (von einer Idee ergriffen. —
Halt so will ich es machen.) Es gibt Mittheilungen, die wir der
Feder leichter anvertrauen können, als der Person selbst, der
sie gelten, so wie es Menschen gibt, die dem geschriebenen
Worte eine ruhigere und mildere Beurtheilung schenken.
(rechts ab.)

Achte Scene.

Gutherz durch die Mitte, ihm folgt Louis, welcher der unter
der Thüre erscheinenden Magd zu verstehen gibt, sich zu entfernen.

Gutherz (ist in den Vordergrund getreten, ohne Louis zu
bemerken). Wenn ich mich nicht irre, so ist der Stoppel g'rad
in der Gasse um's Eck herumgegangen, der Schlingel war
wahrscheinlich jetzt erst da.

Louis (tritt vor). Verzeihen Sie, mein Herr, daß ich
ich so frei bin.

Gutherz (überrascht). Bitt' recht sehr! Ich soll Ihnen
verzeihen, daß Sie so frei sind? Ich hab mich ja nie dagegen
aufgehalten, im Gegentheil, ich gratulire Ihnen, wenn Sie es
sind, übrigens mit wem hab ich die Ehre?

Louis. Mein Name ist Louis Stoffer, ich bin erster Commis des Hauses Werner.

Gutherz. Sehr schön von Ihnen, aber was geht das
mich an? (b. S.) A spaßiger Mensch das!

Louis. Sie werden mir als Mann von Ehre gestehen,
in welcher Eigenschaft Sie hier in diesem Hause sind.

Gutherz. O, das ist großartig! Was haben Sie für
ein Recht, das zu verlangen?

Louis. Ich muß es wissen.

Gutherz. Erlauben Sie mein Freund —

Louis. Mein Freund!? Der Teufel ist Ihr Freund!
Ich bin Ihr Feind, oder eigentlich Sie sind mein Feind!

Gutherz (b. S.) Ich weiß nicht, was ich mir denken
soll, mir scheint, bei dem rappelts.

Louis. Nun wollen Sie mir antworten oder nicht?

Gutherz. Sie sind Commis, als solcher haben Sie
wahrscheinlich Waarenstoffe hier abgeliefert, und wollen die

Zwischenzeit mit einer komischen Scene ausfüllen, aber da müssen Sie sich einen Andern aussuchen, der Ihnen secundirt.

Louis. Mein Secundant geht Sie gar nichts an, so wenig mich der Ihrige.

Gutherz. Hören Sie, Sie reden einen Stiefel zusammen! (b. S.) Der Mensch ist richtig ein Narr.

Louis (der die letzten Worte gehört). Ein Narr? Ja ich war ein Narr, daß ich je auf die Treue eines Weibes gebaut.

Gutherz. Himmel, jetzt geht mir ein Licht auf! Das ist, ja ja ein Anbeter der Rosa, vielleicht gar, der von dem sie mir schon einmal erzählt. Junger Mann, ich räume mir die ganze Geschichte zusammen. Ihre polternde Frage, was ich hier will, Ihre Anspielung auf einen Secundanten, dazu Ihre glühenden Blicke, aus denen ein halbes Dutzend Eumeniden und Rachegötter herausschauen, Alles das läßt mich auf die Vermuthung kommen, daß Sie ein Verehrer des Fräuleins sind, ich räume mir es wenigstens so zusammen.

Louis. Ja, und so ist es auch.

Gutherz. Sehen Sie, ich bin nicht Commis, aber im Zusammenräumen hab ich auch einige Geschicklichkeit.

Louis. Uebrigens bin ich noch mehr, ich bin der Geliebte des Fräuleins.

Gutherz. Der Geliebte?

Louis. Ja der Geliebte!

Gutherz. Sehr beneidenswerth.

Louis. O wenn Sie wüßten was ich leide.

Gutherz Ja sehen Sie, geliebt sein, ist die leidende Form, daher kommt es auch, daß ein Geliebter manchmal so viel leiden muß. Aber woher der Verdacht gegen mich?

Louis. O ich habe Ihren Gruß auf der Straße gar wohl verstanden, Sie sind derjenige, der mir mein Lebensglück geraubt.

Gutherz. Wegen einen Gruß auf der Straße, hab ich Ihnen Ihr Lebensglück geraubt? Da steh ich also in Ihren Augen als Straßenräuber da?

Louis. Scherzen Sie nicht, mein Herr, ich werde mir Satisfaction verschaffen.

Gutherz. Und ich bin bereit, sie zu geben, aber worin soll sie bestehen? Es gibt verschiedene Arten Satisfaction. Die Satisfaction für ein paar breitgetretene Hühneraugen besteht in dem Wort: „Pardon!" Die Satisfaction einer Kräutlerin für ein umgeworfenes Obsthändl, besteht in einer Vorlesung in Schimpfwörtern. Die Satisfaction für unbefriedigte Gläubiger hat ihren Sitz, oder eigentlich ihre Sitze im Schuldenarrest; am

Undank.   3 häufigsten wird Satisfaction mittelst Geld ertheilt, und in solchen Fällen macht sich der deutsche Ausdruck: Genugthuung besser, weil man da meistens nie genug thun kann. (deutet auf Geld hin.)

Louis. Sie werden sich mit mir schlagen, mein Herr! Also wählen Sie, Degen oder Pistolen.

Gutherz. Das ist leicht gesagt, aber woher nehmen und nicht stehlen. Uebrigens bin ich auch kein Freund des Kampfes, außer er geschieht mit der Waffe des Geistes und der Vernunft. Dieser Kampf ist stets erlaubt, und hat noch den großen Vorzug, daß die Waffe, jemehr man sie anwendet, immer schärfer und ausgebildeter wird.

Louis. Also Sie weisen den Kampf zurück?

Gutherz. Schauen Sie, lassen Sie uns ruhig über die Sache reden.

Louis. Ich will nichts hören! ich dürste nur nach Rache!

Gutherz. Dieser Durst ist Ihnen zu verzeihen, Sie sind erbittert, und Rache ist süß, darum wollen Sie für Ihre Erbitterung süße Rache nehmen. Also gut, Ihr Wunsch soll erfüllt werden, aber unter einer Bedingung.

Louis. Und die ist?

Gutherz. Daß Sie sich in diesem Nebenzimmer verbergen, und ungesehen eine Unterredung zwischen mir und dem Fräulein mit anhören.

Louis. Und wozu das?

Gutherz. Damit wir Beide wissen, wie wir daran sind. —

Louis. Und da soll ich vielleicht Ohrenzeuge sein, wie Ihnen die Falsche Liebe schwört?

Gutherz. Bis jetzt hab ich mich nicht des geringsten Beweises zu erfreuen, stellt es sich aber heraus, daß ich der Begünstigte bin, der Sie aus dem Felde geschlagen, so stehe ich Ihnen mit Vergnügen zu Diensten.

Louis. Der Plan ist nicht ohne, ich bin damit einverstanden.

Gutherz. Ich höre kommen, geschwind auf Ihren Posten. (schiebt ihn ins Nebenzimmer.)

Louis (im Abgehen). Wenn ich wirklich hören muß, daß ich der Betrogene —

Gutherz. Dann trösten Sie sich mit dem Sprichwort: Der Horcher an der Wand hört u. s. w. (sperrt die Thüre zu.)

Neunte Scene.

Gutherz. Lenchen (von rechts durch die Mitte abgehend wollend mit einem gesiegelten Brief.)

Gutherz. Sie liebes Kind, ist die Fräulein Rosa zu Haus?

Lenchen. Zu dienen!

Gutherz. Wollen Sie so gefällig sein, sie herauszurufen?

Lenchen (zögernd). Ja aber —

Gutherz. Sie zögern! Ist es Ihnen vielleicht verboten?

Lenchen. Ich weiß nicht recht, aber Sie sind ja der Herr von Gutherz, nicht wahr?

Gutherz. Ja wohl.

Lenchen. Nun sehen Sie, ich wohne gleich neben Ihnen, und da hat mir die Fräulein Rosa zuvor den Brief da gegeben, ich soll ihn im Vorbeigehen in Ihrem Hause abgeben er gehört nämlich für Ihnen.

Gutherz. Lassen Sie sehen! (nimmt den Brief.) Ganz recht, der Brief ist an mich, ich danke Ihnen, liebes Kind.

Lenchen. Ich küß die Hand Euer Gnaden. (durch die Mitte ab.)

Zehnte Scene.
Gutherz. Louis.

Gutherz (allein). Was kann sie mir schreiben?

Louis (von innen). Mein Herr; he machen Sie auf! (klopft.)

Gutherz (öffnend). Nur keinen Spektakel.

Louis (außer sich). Sie hat Ihnen einen Liebesbrief geschrieben. O ich ersticke vor Wuth! Wo ist der Brief?

Gutherz Da ist er.

Louis. Ha, Falsche!

Gutherz. Nur Fassung.

Louis. O Schlange!

Gutherz. Wer weiß was drinnen steht.

Louis. O Krokodil.

Gutherz. Krokodil, Schlange, Sie werfen ja mit den Reptilien herum, als wenn Sie in einer Menagerie Lectionen genommen hätten!

Louis. Geben Sie mir den Brief.

Gutherz. Er ist ja an mich.

3 *

Louis. Den Brief will und muß ich haben.

Gutherz. Das geht nicht. Es wäre sehr undelikat, einen Brief, namentlich von einer Dame, gleichgültig Jemand Andern zu überlassen, bevor man ihn selbst gelesen hat. Das ist so eine kleine Nuance der Anstandslehre. (öffnet, liest, und gibt ihn dann an Louis.) So, jetzt dürfen Sie lesen.

Louis (nimmt den Brief). Mir zittern alle Glieder! Was werd ich erfahren, o geben Sie mir einen Stuhl, mein Herr, denn ich werde schwach.

Gutherz. Fassung, junger Mann, Fassung.

Louis (liest). Geehrter Herr! (staunend zu Gutherz). Sie schreibt blos geehrter Herr! nicht Geliebter?

Gutherz (parodirend). Ha, Falsche.

Louis (liest für sich murmelnd einige Zeilen, dann laut). — — — Freundschaft hoch zu schätzen — allein mein Herz gehört längst einem Andern.

Gutherz. (wie oben). O Viper!

Louis (wie oben). — — Zwischen uns von Liebe nie die Rede sein kann.

Gutherz (wie oben). O Schlange.

Louis (wie oben). Sie werden dies aufrichtige Geständniß nicht übel deuten

Gutherz (wie oben). O Krokodil.

Louis (persiflirend). Sie sind auch ziemlich bewandert in den Reptilien.

Gutherz. Na, was man so ins Haus braucht, lesen Sie aber nur weiter.

Louis (liest wieder mehrere Zeilen für sich, dann mit innerer Bewegung). — — — Und so das Glück zweier Menschen — ewig — dankbare Herzen — — Rosa! (Der Brief entfällt seiner Hand.)

Gutherz. Haben Sie alles genau gelesen?

Louis (ganz perplex). Ich komme vor Erstaunen gar nicht zu mir.

Gutherz. Sehen Sie, Sie Undankbarer! Einen so unwürdigen Verdacht gegen ein Wesen zu führen, welches nur einen Wunsch kennt, nämlich Ihnen anzugehören. Jetzt hören Sie aber mich an, ich war gefaßt darauf, daß in diesem Brief ein Korb für mich enthalten ist, aber darum will ich dennoch Ihr beiderseitiges Glück gründen.

Louis (freudig). Wie? Sie wollen? —

Gutherz. Ja Sie sollen heut noch als Darlehen die Summe von mir erhalten, die Sie, wie mir Ihre Braut hier schreibt, zur Errichtung Ihres Geschäftes brauchen, und Sie zahlen mir es nach Möglichkeit zurück.

Louis (außer sich). Herr von Gutherz ist das Ihr Ernst?

Gutherz. Mein vollkommener Ernst. In einer Stunde längstens sollen Sie das besitzen, um die Bedingung zu Ihrer Heimath erfüllen zu können. Sind Sie jetzt zufrieden oder wollen Sie sich noch mit mir schlagen?

Louis (wie oben). O mein Gott, ich bin ja schon geschlagen! geschlagen durch Ihr edles großmüthiges Herz! Ihnen, den ich für meinen ärgsten Feind gehalten, soll ich nun mein ganzes Lebensglück verdanken, o verzeihen Sie, aber ich kann nicht anders, ich muß Sie als meinen Wohlthäter umarmen. (umarmt ihn stürmisch.) Und jetzt hinein zu ihr, der ich himmelschreiendes Unrecht zugefügt, zu ihren Füßen will ich mein Vergehen abbüßen — was lieben, anbeten will ich sie! O Sie werden sehen, mein Herr, daß Sie Ihre Güte an keinen Undankbaren verschenken. — Doch halt, vor allen zur Schwiegermama, sie soll es zuerst erfahren, daß ich in wenigen Tagen schon mein eigenes Geschäft errichte, und mir dann meine Rosa abhole. O Gott! ich weiß gar nicht wo mir der Kopf steht; meine Rosa, meine geliebte Rosa soll mein Herr werden, — nein, meine Schwiegermama soll mein Herr — nein, ich soll mein eigener Herr werden und meine Rosa soll meine Schwiegermama — nein meine Schwiegermama soll mein Weib werden! O Gott o Gott! ich werde wahnsinnig vor Freude! (stürzt rechts ab)

Elfte Scene.

Gutherz (allein). Soll man es glauben, ein Mensch, der vor fünf Minuten noch von Tod und Verderben geredet hat, der springt und jubelt jetzt vor lauter Entzücken. Und wem verdankt er das Alles! nicht sich selbst, sondern einer andern Person, denn er verdient es eigentlich nicht, daß ich ihn, für das, daß er mir im Herzen der Rosa zuvorgekommen, noch obendrein mit Wohlthaten überhäufe. Aber wenn ich es nicht thun würde, so müßte ja sie darunter leiden, und da würde sich also der Fall wieder ereignen, daß das was Einer verschuldet hat, ein Anderer büßen sollte, was leider nur zu oft im Leben geschieht. Z. B.

Lied.

1.

Die Vorschrift sagt: Ein jeder Hund, ob werthvoll ob geringe,
Muß einen Maulkorb tragen, sonst verfällt er jener Schlinge,

Doch eines Tages vergißt der Herr den Korb ihm umzugeben,
Der Hund kommt auf die Gassen h'naus und 'skostet ihm
      sein Leben —
Der Herr erfahrts und lamentirt, es druckt ihm sein Gewissen,
Denn das was er verschuldet hat, das muß der Pintsch jetzt büßen.

2.

Es gehen die Buben aus der Schul, darunter ist ein Schlimmer,
Wenn der so thun dürft was er wollt, so ging die Welt in
      Trümmer.
Heut läut er bei ein Hausthor an, läuft fort, um b'Schläg
      zu meiden.
Und gleich darauf hört man: Warts ös Bub'n, ich werd'
      euch allweil läuten!
Er aber steht wo bei ein Eck und sieht, wie die wer'n g'rissen.
Und sagt: Was ich verschuldet hab', das müssen die jetzt büßen.

3.

Ein Vater von sechs Kinder hat, von Leidenschaft umgittert,
Beim Spieltisch oft in einer Nacht, sein ganz Vermögen
      versplittert.
Die Sonn' schon hoch am Himmel steht, da kommt er heim
      gelaufen.
Die Kinder schrein! Gib uns ein Brod, doch er kanns nicht
      mehr kaufen.
Verzweiflungsvoll schaut er sich an, es druckt ihn sein Gewissen,
Denn das was er verschuldet hat, das müssen d'Kinder büßen.

4.

Ein Vater hat auf b'Laufen stets, ein jedem seiner Kinder
Drei Aepfel geben, Tag für Tag, er schätzte keines minder,
Doch eines Tags sieht er am Boden, ein halben Apfel liegen,
Er weiß zwar nicht wer das gethan, und sagt: ich werd
      euch kriegen.
Am andern Tag kriegt Keines was, ein Jeds hat hungern
      müssen,
Denn das was eins verschuldet hat, das müssen alle büßen.

5.

Ein Mädchen unschuldvoll und rein,
    Vertraut sich dem Verführer
Und er verläßt, und flieht sie dann
    Und spottet wohl noch ihrer.
Verlassen steht sie nun allein,

Hört spottend ihrer sprechen,
Und der Verzweiflung höchster Grad,
Er treibt sie zum Verbrechen.
Wohl peinigt den Verführer dann das rächende Gewissen,
Denn das was er verschuldet hat, das muß die Arme büßen.

Verwandlung.

Zimmer wie Anfang des ersten Aktes. Auf dem Tisch ein Armleuchter.

Zwölfte Scene.

Stoppel und Nani. (Beide komisch gekleidet. Nani trägt ein
brennendes Wachslicht, womit sie die Kerzen am Tisch anzündet;
Stoppel ein rothes Paraplüe, Perspectiv ꝛc. tragend.)

Stoppel. Gott sei Dank, daß wir einmal zu Haus
sind. Hat diese Oper eine Länge, ich hab' geglaubt es wird
gar nimmer aus; aber das muß ich sagen, auf der ersten Bank,
da bringt man sein Geld heraus, mir thun noch die Ohren
weh von der ewigen Tschinera Pumera. Und Sie sagen gar
nix? Was hat Ihnen denn am besten gefallen?

Nani. Ich bin noch ganz paff oder weg, so schön hab
ich noch nie singen gehört.

Stoppel. Nicht wahr? Und besonders der Bandit, wie
der gesungen hat! S'ist ewig Schade, daß er ein Bandit wor=
den ist, wenn der Mensch mit dieser Stimme zum Theater gan=
gen wär', der hätt sein Glück machen können!

Nani. Und was für schöne Leut' im Theater waren,
aber meistens Frauenzimmer, wie kommt denn das?

Stoppel. Ganz einfach, weil es überhaupt mehr Frauen=
zimmer gibt als Männer.

Nani. A warum nicht gar!

Stoppel. Freilich! das ist schon lang von einem Stat=
tisten berechnet worden, daß um ein Drittel mehr Frauen=
zimmer auf der Welt sind, jetzt rechnen Sie noch die Masse
Männer dazu, die alte Weiber sind, und Sie werden staunen.

Nani. Mit einem Wort, ich hab' mich recht gut un=
terhalten.

Stoppel. Ich auch bis auf den Kellner, der hat mich
fuchsig gemacht; das ging einem auch noch ab, daß man sich
im Theater von die Kellner soll beleidigen lassen.

Nani. Sie hätten halt nachgeben sollen, alle Leut' im
ganzen Theater haben auf uns geschaut.

Stoppel. Erlauben Sie mir, ich rufe fünf Mal: „Sie
Kellner, bringen's ein Gefrorn's", endlich schreit er mich an: „Ich

bin kein Kellner, ich bin hier Nummero." Jetzt soll ich den sein Nummero wissen.

Nani. Er wird halt so heißen.

Stoppel. Gar kein' Red! Ich hab' ihn fünf Mal gerufen, wenn er ein ordentliches Nummero wär', hätt' er doch auf einen von die fünf Ruf kommen können!

Nani. Weil Sie gleich so jäh sind, mit den Herrn daneben waren Sie auch so grob.

Stoppel. Da soll man nicht grob sein, wenn einer Jahrelang auf meinem Hut sitzt.

Nani. Er ist kaum fünf Minuten drauf gesessen.

Stloppel. Sehen Sie, daß Sie nichts wissen. Er ist im 2. Akt aufgestanden, und ich hab' derweil meinen Hut auf seinen Sitz gestellt — auf einmal setzt er sich nieder, und wie der 3. Akt anfangt, sagt er: „Ich bitt', ist das Ihr Hut?" — Zwischen dem 2. und 3. Akt liegt aber ein Zeitraum von drei Jahren, also ist er drei Jahr auf meinem Hut gesessen, da schauens her! (zeigt seinen ganz zerknitterten Hut.)

Nani. Gehens, Sie halten einen immer zum Besten!

Stoppel. Ich möcht nur wissen, ob der Herr schon zu Haus ist, es muß schon schrecklich spät sein.

Nani. Warum sind Sie nach dem Theater so lange im Wirthshaus geblieben!

Stoppel. Mein Kind, nach einer geistigen Anstrengung, gehört immer eine körperliche Stärkung, und was ist das auch, fünf halbe Bier.

Nani. Nu i denk, das is schon viel.

Stoppel. Ich bin eigentlich kein großer Freund von Bier, ich trinke es blos deswegen, daß der Wirth nicht sagen kann: „Bei mir ist Hopfen und Malz verloren."

Nani. Aber gezahlt habens nicht, wie wir fortgegangen sind!

Stoppel. Nicht nothwendig.

Nani. Haben Sie dort Kredit!

Stoppel. Nu ob! In dem Wirthshaus bin ich kurios accreditirt, aber jetzt werd' ich mich a bissel komod machen, bis der Herr z'Haus kommt. (ab.)

Nani (allein — singt aus Ernani).
　　Mag mich die Welt verdammen,
　　Du wirst mein Herz erwarmen.
O Gott, wenn ich kein Frauenzimmer wär', ich ging alle Tag für mich allein in so eine Oper, und thät mich laben an diesen himmlischen Melodien, das kann leider unser eines nicht immer thun, und da komm' ich wieder auf den Wunsch zurück, den ich schon bei vielen Gelegenheiten geäußert hab':
　　Wenn ich nur jetzt kein Frauenzimmer wär!

Lieb.

1.

Wenn auf ein Ball oft Männer
Herumſteigen in dem Saal,
Statt tanzen, lieber rauchen,
Selbſt bei der Damenwahl
Und ſo die armen Madeln
Oft ſitzen ganz allein,
Und ſeh'n wie die Zigarln
Den Männern lieber ſein.
Da hab' ich denn immer ein Wunſch nur auf Ehr,
Wenn ich nur jetzt kein Frauenzimmer wär'.

2.

Wenn manchmal auf der Straßen,
Ein armer alter Mann,
Den ſeine Kraft verlaſſen,
Faſt leblos ſinkt zuſamm'
Und 's kommt a ſo a Stutzer,
Der zuerſt ſein Glaſel putzt,
Dann ſchaut' und mit ein Schmutzer
Ganz lächelnd weiter ſtutzt
Da hab' ich denn immer ein Wunſch nur auf Ehr,
Wenn ich nur jetzt kein Frauenzimmer wär'.

3.

Wenn rings die Schwerter klingen
Fürs theure Vaterland,
Und Alles zum Gelingen
Mit Freuden eilt zur Hand,
Und man hört Manchen ſagen,
„Um mich wär' ewig ſchad,
„Was ſoll ich mich da plagen,
„Ich geh' lieber ins Bad.''
Da denk' ich mir immer wenn ich ſo was hör',
Wenn ich nur kein Frauenzimmer wär'.

4.

Wenn manchmal im Theater,
Wie's oft geſchieht in ein Lied
Von Moden wird geſungen,
Wie man's bei Frauen ſieht,
Und drüben von die Männer
So lang wird applaudirt,

Bis die Strophen über d'Frauen
Wird nochmals repetirt.
Da hab' ich denn immer ein Wunsch nur auf Ehr,
Wenn ich nur jetzt kein Frauenzimmer wär'. (ab.)

Dreizehnte Scene.
Vorige. Gutherz.

Gutherz (rasch durch die Mitte). He Stoppel, Nani!
Stoppel und Nani. Küßt Hand, Euer Gnaden!
Gutherz. Geschwind, meinen Reisesack zusammenrichten.
Nani. Ich werde gleich. (ab.)
Stoppel. Also Euer Gnaden reisen wirklich fort?
Gutherz. Das hab' ich dir ja Vormittag schon gesagt.
Stoppel. Wir werden aber doch erfahren, wohin Euer Gnaden reisen?
Gutherz. Du bist doch die lebendige Neugierde. Es ist eine wichtige Geschäftsreise.
Stoppel (gedehnt). Geschäftsreise? Hahaha! Euer Gnaden machen eine Geschäftsreise?
Gutherz. Ja wohl! Und was für ein Geschäft! Es wird zwar mein ganzes Vermögen dabei in Anspruch genommen, aber es schaut doch ein großer Gewinn dabei heraus.
Stoppel. Euer Gnaden haben sich aber nie mit so etwas befaßt, und jetzt auf einmal ein Geschäft, wo Ihr ganzes Vermögen auf dem Spiele steht. Erlauben Sie mir, Euer Gnaden, aber ich weiß nicht recht ob —
Gutherz. Kommst du mir schon wieder mit deinen lächerlichen Bedenklichkeiten? Du weißt, daß ich das nicht leiden kann. Uebrigens, warum soll ich es nicht thun? Ich erweise nebst einem großen Gewinn meinem Freund Prellheim, der auch dabei betheiligt ist, einen großen Dienst, und am Ende seh' ich wirklich nicht ein, warum ich mit meinem Vermögen gar nie was anderes unternehmen soll, als nur immer mechanisch Coupons herunterschneiden, und so die trockenen Interessen verzehren.
Stoppel. Also der Herr v. Prellheim ist bei dem Geschäft dabei? Nu da weiß ich hernach nicht ob Euer Gnaden in einem Vierteljahr noch ein paar Coupon zum Herunterschneiden haben.
Gutherz (ernst). Stoppel, du weißt, daß ich dein vorlautes Reden schon oft verboten hab'.
Stoppel (keck). Ei was! Ich werde mir jetzt kein Blatt mehr vor's Maul nehmen, ich bin einmal Ihr Fakto-

tum — Faktotum heißt: Thu alles, und wenn ich alles thun soll, so ist auch meine Pflicht das zu thun, daß ich Ihnen abrathe, wenn Euer Gnaden einen dummen Streich begehen wollen

Gutherz (staunend). Was ist das für eine Sprache!

Stoppel. Das ist die Deutsche, Euer Gnaden, eine andere Schule hab' ich nicht frequentirt!

Gutherz. Mir scheint der Bursch' hat einen Rausch.

Stoppel. Einen Rausch! Hahaha! Das ist die gewöhnliche Bemerkung, wenn sich ein Untergebener einem die Wahrheit zu sagen getraut, und wenn ich auch einen Rausch hab', so viel bin ich doch noch nüchtern, daß ich einsehe, daß Sie bei der Geschichte der Betrogene sind, denn der Herr v. Prellheim, das ist der ganze Mann dazu.

Gutherz (außer sich). Jetzt schweig, und kein Wort will ich mehr hören, du unterstehst dich von Leuten, die ich meine Freunde nenne, in einem solchen Ton zu sprechen! Jetzt hab' ich es satt, du packst deine Sachen zusammen und verläßt augenblicklich mein Haus.

Stoppel (perplex). Wie? Was?

Gutherz. Keine Widerrede! Du thust, was ich dir gesagt habe! Ich will keine Personen um mich haben, die überall nur schwarz sehen, die mir jeden Glauben an die Menschheit, an Freundschaft und Liebe rauben wollen. Da hast du deinen Lohn, und jetzt mach', daß du fort kommst.

Stoppel (wie oben). Aber Euer Gnaden!

Gutherz. Kein Wort mehr, du kennst mich, wenn ich einmal was sage, so bleibts dabei.

Stoppel (vernichtet). Gut Euer Gnaden, ich werde meine sieben Zwetschken gleich beisammen haben. (links ab.)

Gutherz (allein). Impertinenter Bursche! Es ist wahr, man soll gegen seine Dienstleute human sein, aber das ist einmal gewiß, daß es nichts Undankbareres gibt, als wenn man die Kluft zwischen Herren und Diener mit allzugroßer Güte ausfüllen will.

Vierzehnte Scene.

Vorige. Müller (kommt verstört und hastig durch die Mitte).

Gutherz (ihm entgegen). Ah' bist du da, lieber Müller, hast du deine Angelegenheiten besorgt, so steht unserer Abreise nichts mehr im Wege. Ich muß dir sagen, es freut mich sehr, daß du meine Einladung angenommen hast, denn du weißt, ich verstehe von diesem Maschinenwesen doch nicht so-

viel, um zu beurtheilen — Aber apropos, wo ift denn der
Prellheim?

Müller. Er ift — ich glaube —

Gutherz. Nun was machst du für ein bedenkliches
Gesicht, kommst du nicht gerade von ihm?

Müller. Ja wohl — aber — war er nicht schon hier?

Gutherz. Ich hab' ihm heute Nachmittag alle meine
Papiere zur Umwechslung gegeben, weil er in der Sache mehr
bewandert ist, und jetzt soll er mich hier abholen.

Müller. Gerechter Himmel! Also ist es doch so!

Gutherz. Was denn, was ist denn geschehen?

Müller. Du bist betrogen, Freund, er hat mit dem, was
du ihm anvertraut, die Flucht ergriffen.

Gutherz. Um Alles in der Welt; ist das die Wahrheit! (finkt in einen Stuhl.)

Fünfzehnte Scene.

Nani. Vorige, später Stoppel.

Nani. Euer Gnaden, der Reisekoffer ist schon gepackt.

Müller (gibt ihr ein Zeichen zum Schweigen).

Nani (leise). Mein Gott, was ist denn geschehen.

Stoppel (aus links mit einem großen Bündel). Euer Gnaden verzeihens, daß ich Ihnen noch einmal vors Gesicht zu
kommen trau, aber ich glaub', daß ich Ihnen vorn Abschied
doch noch die Hand küssen darf. (thut es.) Verzeihen mir, Euer
Gnaden, denn wenn ich Ihnen weh' gethan habe, und wenn
ich Ihren Freund ungerechter Weise beleidiget hab', so sagens
ihm, er soll mir auch verzeihen, ich hab' es ja nicht aus Bös-
willigkeit gethan, es ist ja alles nur, weil ich Ihnen so gern
hab', Euer Gnaden, und auch wenn ich fort bin nie — nie
vergessen werde, küß tausendmal die Hand! (küßt ihm die Hand
und geht weinend ab.)

Nani (halblaut). Herr Stoppel, wohin denn?

Stoppel (ihre Hand sanft zurückweisend). Leb wohl Ma-
drid, nie wende sich dein Glück! (ab.)

Gutherz (im Ton der Verzweiflung starr vor sich hinblickend).
Ich bin ein Bettler!

Gruppe.

Der Vorhang fällt.

———————

Dritter Akt.

Ein ärmliches Zimmer, sogenannter Gassenladen, wo man auf die
Straße hinaussieht, rechts Seitenthüre.

Erste Scene.

Stoppel und Liperl. (Stoppel sitzt rechts bei einem Arbeitstisch,
neben ihm rechts bei einem kleinen Tisch sitzt Liperl.)

Stoppel. (Hat beim Aufrollen des Vorhanges soeben Liperl
beim Schopf und beutelt ihn.) Ich hab dirs schon oft gesagt,
du sollst während meiner Abwesenheit keine Uhr hergeben.

Liperl. Aber der Herr ist fortgereist und da hat er
seine Uhr haben müssen.

Stoppel. Thust dich schon wieder entschuldigen, (beu=
telt ihn.)

Liperl (weinend). Jetzt ist's erst halber Neune, und ich
hab schon zehn Mal Schopfbeutler kriegt.

Stoppel. Hast du's nicht verdient Hm? um 5 Gulden zu
wenig verlangen bei einer Reparatur, die mich selber 10 Gulden
kostet, wie soll ich die 5 Gulden hereinbringen? auf Schopf=
beutler ist eigentlich gar keine Tax, du verdienst eine Ohr=
feige, da hätt' ich wenigstens meine 5 Gulden auf einmal herein.

Liperl. Nein, wenn ich wieder auf die Welt komme,
so werd' ich kein Lehrbub mehr!

Stoppel. Still sag' ich — hast du die Uhrgläser ge=
zählt, die gestern angekommen sind?

Liperl. Nein, noch nicht. —

Stoppel. Ja warum denn nicht? Auf die Letzt sind
wieder um drei, vier Dutzend zu wenig!

Liperl. Es ist ja nur ein Dutzend angekommen, zwölf
Gläser werd' ich doch gleich gezählt haben!

Stoppel (beutelt ihn). Ruhig — gleich gehst du hinein
und bringst das Packet heraus und zählst es!

Liperl (sein Haar ordnend). Ich hab einmal ein Theater=
stück gesehen, da hat einer alleweil gesagt: Auweh mein Kopf,
dem Mann wünschte ich meinen Posten, daß er eigentlich
wüßte, was Kopfweh ist (rechts ab).

Stoppel (allein). Was man mit diesem Buben aus=
stehet, ist nicht zu sagen, was man nur mit dem Schopfbeu=
tele für eine Zeit versäumt, überhaupt, ich wollt' ich wär schon

gar nicht mehr auf der Welt — wie ich mich bei dem Ge= schäft mühselig fortbringen muß, das ist gar nicht zu sagen, es geht fast gar kein Geschäft mehr, die Leut' wollen gar nim= mer wissen wie viel Uhr als es ist, wahrscheinlich wissens eh schon wie viel's geschlagen hat, und so leb' ich halt so müh= selig dahin. Keine Freude, kein Vergnügen, meine einzige Ausheiterung ist noch dem Buben sein Kakubu, — da g'läng ich dann und wann hinüber, und (deutet Schopfbeuteln) erheitere mich; darum kann ich auch den Buben, so nir nutz als er ist, nicht fortlassen, denn einen braven Buben könnt ich gar nicht brauchen, da fallet meine Unterhaltung weg.

Liperl (kommt zurück mit einer Schachtel). Die Gläser sind recht, sechs feine und sechs grobe, (setzt sich und arbeitet).

Stoppel. Merkt dir das, die feinen Gläser kosten 30 Kreuzer.

Liperl. Und die groben?

Stoppel. Kosten auch 30 Kreuzer.

Liperl. Da kosten ja nachher die groben accurat so viel, wie die feinen?

Stoppel. Nein, die feinen kosten accurat so viel als die groben, ist das nicht schön genug von mir?

Liperl. Nu ich weiß nicht, was das für ein Unter= schied ist.

Stoppel. Thust schon wieder widersprechen! (beutelt ihn).

Zweite Scene.

Vorige, Schragel (ein Bauer).

Schragel. Guten Morgen wünsch ich, da komm ich grad zu einer kleinen Execution, ist meine Uhr schon fertig?

Stoppel (sich nur etwas umwendend, und gleich wieder fort= arbeitend). O schon seit gestern, bring's heraus Liperl, die mit 'n doppelten G'häus — (Liperl rechts ab). Nehmen's Platz der= weil!

Schragel (setzt sich auf Liperls Stuhl).

Stoppel. Sie verzeihen schon, ich kann nicht viel reden, ich hab da gerad eine heikliche Arbeit.

Schragel. Nur zu, Herr Meister (Pause) er beschäftigt sich mit Ansehen der Uhrbestandtheile die auf dem Tische liegen, plötzlich fällt ihm ein Uhrglas hinunter und bricht).

Stoppel (in der Meinung, es sitzt Liperl neben ihm, langt ohne hinzusehen nach Schragels Kopf und beutelt ihn tüchtig). Hast schon wieder ein Glas zerbrochen, kannst du denn gar nicht Acht geben!

Schragel (emporspringend). He! erlauben Sie mir!

S t o p p e l (vom Stuhle aufspringend, und seinen grünen Augen-schirm emporrichtend). O ich bitt, verzeihens, ich hab glaubt der Bub sitzt da.

S ch r a g e l (seinen Kopf haltend). Nu, das ist net übel!

L i p e r l (kommt mit einer großen Sackuhr zurück.) Die wird's sein. Herr Meister!

S t o p p e l. Wo bleibst denn du so lang, jetzt hab ich derweil den Herren da, statt deiner gebeutelt!

L i p e r l (küßt Schragel die Hand). Ich dank Ihnen recht sehr.

S ch r a g e l. Ist gern geschehen, auf den Sessel setz ich mich aber nimmer, wenn ich wieder komm.

S t o p p e l. Sehn's, da haben wir wieder den Beweis, daß nicht viel herausschaut, wenn man für einen andern eine Stelle vertritt, sein's nur nicht harb.

S ch r a g e l. Was bin ich denn schuldig?

S t o p p e l. In Berücksichtigung der mildernden Umstände (deutet Schopfbeuteln) zahlens 2 Gulden.

S ch r a g e l. Hörens, das ist a biss'l viel!

S t o p p e l. O nein, bei einem andern kostet's wenigstens vier Gulden, aber es ist meine Gewohnheit gar nicht, meine Kundschaft zu reißen.

S ch r a g e l. Na, das könnt i grad nit sagen, da sein die 2 Gulden, ich hoff aber, daß gut geht!

S t o p p e l. Auf's Haar sag ich Ihnen, aufs Haar, das ist bei mir schon so der Brauch.

S ch r a g e l (hat seine Uhr genommen). Na b'hüt Gott! (ab).

S t o p p e l. Schaffens an anders Mal!

Dritte Scene.

Vorige ohne Schragel (später) Murr.

S t o p p e l. Das ist ein sehr fatales Mißverständniß gewesen, und damit mir das nicht mehr geschieht, werd ich es so machen, so oft du eine Strafe verdienst, werd' ich mir mit der Kreide einen Strich'l machen, und alle Samstag krigst du dann mit-einander, was du verdient hast.

L i p e r l. Das ist gescheidt, da ist hernach der Meister die ganze Woche mein Schuldner, und ich komm mir vor wie ein Gesell, der alle Wochen ausgezahlt wird.

M u r r (ein alter Podagrist, tritt ein). Guten Tag, wie stehts denn mit meiner Uhr? ich war mehrere Wochen verreist, sonst hätt ich sie schon abgeholt, was hat ihr denn gefehlt, daß sie immer stehen blieb?

Stoppel (hat ihm die Uhr gegeben). Kapricen weiter nichts, es ist überhaupt eine sehr empfindliche Uhr, kaum hab ich sie ein biss'l aufgezogen, gleich ist sie fortgegangen, aber jetzt können Sie sich darauf verlassen.

Murr. Was ist meine Schuldigkeit?

Stoppel. Drei Gulden bitt' ich!

Murr. Das ist enorm theuer, Herr Meister!

Stoppel. Aber ich bitt' Ihnen, wenn einer wo zu Bett geht, muß er die Woche 25 Groschen Bettgeld zahlen, jetzt denkens nur a Mal, Ihre Uhr genießt schon seit drei Wochen bei mir Kost, Quartier und Licht, und Wärme, und aufgezogen muß auch alle Tage frisch werden!

Murr. Ha ha ha! Sie müssen ja steinreich werden bei Ihrem Geschäft.

Stoppel. O ich bitt', wenn einen nicht die Reparatur herausreißet, bei neuen Uhren schaut eh nichts heraus, vielleicht, daß ich mit meiner neuen Erfindung Glück mache.

Murr. Eine neue Erfindung? und worin besteht denn diese?

Stoppel. Ich arbeite schon ein ganzes Jahr an der Idee, nämlich Uhren, die rückwärts gehen, ich glaub, ich werde da ein gutes Geschäft machen!

Murr. Ach! die Idee ist nicht schlecht, da werd ich mich auf eine pränumeriren.

Stoppel. Und recommandiren Sie mich halt bei Ihren Bekannten.

Murr. O mit Vergnügen, (im Abgehen) Uhren die rückwärts gehen — origineller Gedanke. Na, Adieu indessen (ab).

Stoppel (nachrufend). Ich empfehle mich!

Vierte Scene.

Vorige. Johann (kommt hastig gelaufen.)

Johann. Sie Herr Stoppel, ist der gnädigen Frau ihre Cilinderuhr fertig?

Stoppel. Nein, noch nicht. —

Johann. Ja, ich muß sie haben, ohne Uhr kann ich nicht fortgehen, die gnädige Frau braucht sie nothwendig.

Stoppel Wenn sie aber nicht fertig ist?

Johann. Das nutzt alles nicht, ich nimm sie so mit!

Stoppel. (Ihm unter einem Glas eine zerlegte Uhr zeigend.) Aber schaun's her, sie ist ja ganz zerlegt.

Johann (ganz perplex). So schön! da nehmen's mir ja im Versatzamt nicht an!

Stoppel (in komischer Verwunderung). Ja! haben Sie's wollen in's Versatzamt tragen?

Johann. Na, unter uns gesagt, freilich, die gnädige Frau braucht a Geld, da hat's gesagt: Johann hol geschwind die Uhr und trag's in's Amt.

Stoppel (wie früher). Die Gnädige hat also kein Geld, ja mit was hätten's denn die 4 Gulden Macherlohn bezahlt?

Johann. Das hätt ich sollen derweil schuldig bleiben!

Stoppel. Na, auch eine hübsche Gegend, das!

Johann. Was ist denn jetzt zu machen, ohne Geld darf ich nicht zu Haus kommen.

Stoppel. Wann's wollen, ich gib Ihn a paar Gulden, und Sie sagen, sie waren im Versatzamt.

Johann. Das geht ja nicht, ich muß ja 's Versatzzettel zu Haus bringen, das muß ich ja Nachmittag wieder bei der Brotsitzerin versetzen.

Stoppel. Nu, die Gegend wird alleweil hübscher, die Versatzerei geht ja bis in's zehnte Glied!

Johann. Wie lang brauchens denn, bis die Uhr zusammeng'setzt ist?

Stoppel. Einen ganzen Tag!

Johann. Das ist ein schön Malheur, wissens was? geben sie mir die Theile von der Uhr nur mit, damit's meine Frau sieht, sonst glaubt's mir's nicht.

Stoppel. Das können's auch haben (giebt ihm das Glas sammt den Theilen).

Johann. Sind es aber auch die rechten Theile von unserer Uhr?

Stoppel. Nun, sie werden doch nicht glauben, daß ich unrechte Urtheile hergeb, dazu bin ich viel zu gewissenhaft.

Johann. Also Servus einstweilen! (ab).

Fünfte Scene.
Vorige ohne Johann.

Stoppel. Nein! was man alle Tage für Erfahrungen macht, das ist grimmig (eine Stockuhr schlägt zwei Schläge). Was, schon halber Elfe, da muß ich ja fort, zum Bezirksgericht, (blickt zum Fenster hinaus). Und mir scheint gar, es kommt schon wieder ein Regen daher, geh Liperl, bring mir mein Paraplue, (Liperl ab). Die heurige Witterung kommt mir accurat so vor, wie manche Menschen, wenn sie einen auch a biss'l schön thun, es ist doch nicht zu trau'n, und das ist dasjenige, was ich meinem einstigen Herrn auch immer gesagt hab; aber er hat's nie

Undank. 4

glauben woll'n, bis er es mit seiner Leichtgläubigkeit bis zum Bettelstab 'bracht hat, da hat er's nachher eingesehen, da war's aber zu spät, da ist er auf einmal fort, wie ich mir habe sagen lassen, und seit der Zeit weiß kein Mensch, was aus ihm geworden ist. (Liperl bringt das Paraplue und giebt es Stoppel). So — ich bin bald wieder zu Haus, der Hausmeister soll auf's Gewölb Obacht haben, und du gehst derweil auf die Wieden, und schaust was für Nummero da sein.

Liperl. Zu was brauch ich denn auf die Wieden zu gehen, ist ja neben uns auch eine Lotterie!

Apel (zornig). Ich hab aber auf der Wieden gesetzt, der Bub begreift doch gar nichts, thu was ich dir gesagt hab, und damit Punktum, (ab mit Hut und Regenschirm).

Liperl. Gott sei Dank, daß der Meister fort ist, wenigstens hat mein Kopf jetzt Ferien. (rechts ab).

Verwandlung.

(Elegantes Zimmer mit Mittel= und Seitenthüren.)

Sechste Scene.

Louis, Rosa, Minchen.

Louis, (den man in seinem ganzen Wesen den Krämer und Speculanten ansieht). Also meine Kinder, ihr fahrt jetzt auf's Land, und wenn es meine Geschäfte erlauben, so komme ich zu Euch hinaus!

Rosa. Gut, da werden ich und Minchen dich im Bahnhof erwarten.

Louis. Nein, nein, ich komme zu Fuß!

Rosa (im Tone des Vorwurfs). Aber lieber Mann!

Louis. Warum denn nicht? ist ja der schönste Spaziergang, unsere Pferde müssen morgen den ganzen Tag ins Magazin einführen, der Mensch muß sparen, wo er nur kann.

Rosa. Du bist doch seit einiger Zeit entsetzlich knauserich lieber Mann, ich begreife dich wahrhaftig nicht, unser Geschäft ist doch so lucrativ geworden, wie wir es nie vermuthet hätten.

Louis. Laß du mich handeln wie ich will, jetzt geht und unterhaltet euch gut, und es kann möglich sein, daß ich morgen nachkomme.

Rosa. Nun, so lebe wohl, lieber Louis!

Louis. Lebt wohl. Kinder (küßt seine Frau).

Minchen. Papa, mir auch einen Kuß.

Louis. Na freilich — da (küßt Minchen). So jetzt geht Kinder (geleitet sie zur Thür. Rosa und Minchen ab).

Louis (allein). Die Weiber — was wissen die Weiber von Speculationsgeist, wie wäre es denn möglich gewesen, jene Summe, die uns damals der nun gänzlich verschollene Herr von Gutherz vorgestreckt, in den wenigen Jahren, beinahe um das Zehnfache zu vermehren, wenn man nicht jede Gelegenheit zur Speculation ergreifen möchte, ja, ja, bei der Zeit darf einem nichts zu gering scheinen, ich unternehme alles, wenn ich nur dabei gewinne, aber das verstehen ja die Weiber nicht.

Prom. (ruft aus rechts). Herr Principal, der Rechnungsabschluß ist gemacht.

Louis. Komme schon! (ab).

Siebente Scene.

Gutherz und Poldel. Kommen's nur herein, ich werd gleich den Herrn rufen (rechts ab).

Gutherz (allein. Sein Aeußeres trägt die Spuren allen Mangels, jedoch ohne zerrissen zu sein). Da bin ich jetzt in dem Hause eines Mannes, dessen höchstes Glück, wie er selber gesagt hat, ich einst gegründet habe, ob er mich erkennen wird? Ich glaube schwer — der Zahn der Zeit wirkt um so rascher und zerstörender, wenn noch obendrein Mangel und Elend seine Begleiter sind, und beide hab ich seit den wenigen Jahren genug ertragen, ich wollte zwar nie mehr hierher zurückkehren, wenn mich jetzt nicht die äußerste Noth dazu gezwungen hätte, und am Ende steh ich ja nicht als Bettler hier, ich bin ja Gläubiger, bin Capitalist sogar, wenn man's nehmen will, trotz meinem Aussehen — ha, ha, ha! es klingt sonderbar, aber es ist wahr!

Achte Scene.

Voriger. Louis. Poldel.

Poldel (geht gleich durch die Mitte ab).

(Pause.)

Louis. Sie wünschen mein Herr?

Gutherz. Mein Name ist Gutherz. —

Louis (erschrickt, für sich). Himmel, wie kommt der jetzt hierher. (laut) Gutherz, Gutherz, ich weiß nicht —

Gutherz. Sie scheinen den Namen nicht tief im Gedächtniß zu haben!

4 *

Louis. Gutherz, ja ja, ich entsinne mich, Sie waren einst
so gefällig — mir — das heißt — Sie haben — vor mehre=
ren Jahren - ich weiß nicht genau mehr —

Gutherz (für sich). Was ist das für ein Empfang?
(laut mit einiger Entrüstung) Ich will Ihrem Gedächtnisse zu
Hilfe kommen, ich habe Ihnen vor mehreren Jahren zum Be=
ginn ihres Geschäfts, gerad an dem Tag, wo mich ein Freund
(Louis scharf anblickend) um mein ganzes Vermögen betrogen,
eine Summe von 2000 Gulden geliehen, ich bin jetzt hier, um
Sie zu bitten, mir mein Eigenthum zurückzugeben, denn Sie
sehen, und werden wohl wissen, daß diese Summe jetzt mehr
Werth hat, als früher das Zehnfache.

Louis (in fortwährender Verlegenheit). Mein Herr, Sie
überraschen mich da so plötzlich, ich weiß wohl, daß dieses einst
der Fall gewesen, allein meine Lage ist gegenwärtig keine solche,
um Ihnen diese Summe —

Gutherz (einfallend). Wie! Man hat mir das Gegen=
theil erzählt, Sie sollen in Ihrem Geschäft vom Glück sehr be=
günstigt sein, dieses konnte mich auch nur bewegen, meine
Forderung von Ihnen jetzt zurück zu verlangen

Louis (ausweichend). Mein Himmel, die Leute schwatzen
gar viel über fremde Verhältnisse ohne sie genau zu kennen, —
wie gesagt, ich bin selbst dermalen in einer schlimmen Lage, —
ein großer Verlust, — Sie sehen ja selbst wie einfach (auf seine
Kleidung zeigend). —

Gutherz. Ich habe einer Frau in der Straße in einer
Equipage begegnet, ich hab sie gleich erkannt, es war Ihre
Frau, und ihre Erscheinung war eben nicht so Mangel ver=
rathend —

Louis. Ja, sie mag es gewesen sein, aber warum glau=
ben Sie deshalb. —

Gutherz (einfallend). Nun sehen Sie, es giebt so ge=
wisse Anhaltspunkte bei manchen Beurtheilungen, so ist z. B.
eine Frau meistens diejenige, nach der man den Wohlstand
eines Hauses beurtheilt, der Mann kann einher gehen wie er
will, das thut nichts zur Sache, im Gegentheil, dieser Contrast
macht sich eben am schönsten, ich kenne manche Millionäre
denen man, wenn man ihnen allein begegnet, nicht 5 Guld. an=
sehen würde, geht aber die Frau mit, dann wirft ihre prachtvolle
Toilette einen solchen Brillant= und Atlas=Reflex auf den
Gemahl, daß man in ihm augenblicklich die lebendige Brief=
tasche erkennt.

Louis. Urtheilen Sie da wie Sie wollen, ich sage Ihnen
ein für alle Mal, daß ich jetzt nicht in der Lage bin, Ihrem

Verlangen zu willfahren, und am Ende kann ich mich wahr-
lich nicht entsinnen, ob die Summe so groß ist, wie Sie sie nennen.

Gutherz. So, das auch noch; ein Vergessen für jene
Erscheinungen, die das Auge aufnimmt, ist zu verzeihen, —
aber ein kurzes Gedächtniß für empfangene Wohlthaten an
den Tag legen, beweißt ein verdorbenes und undankbares
Herz. Sie wissen also nicht, daß die Summe 2000 Gulden war?

Louis. Nein, ich bin sogar überzeugt, daß sie nicht
so groß war.

Gutherz. Sie legen mir einen Zahlenverstoß zur Last,
aber der Rechnungsfehler liegt in Ihrem Herzen, glauben Sie
mir, mein Herr, die kleinsten Fehler, die von den ABC-Kin-
dern angefangen, bis zu den ersten Mathematikern je gemacht
worden sind, diese Fehler alle zusammengenommen sind keine
so tiefe Beleidigung für Adam Riese, als wenn ein Undankbarer die Größe einer empfangenen Wohlthat, absichtlich zu
verringern sucht.

Louis (dem man ansieht, daß er einen Entschluß faßt. Genug mein Herr, weisen Sie mir die Urkunde vor, die Sie darüber in Händen haben.

Gutherz. Ich habe Ihnen diese Summe auf Treu
und Glauben gegeben, und habe, leichtsinnig genug, Ihr Ehrenwort höher gestellt, als jede papierne Garantie, sammt Stempel und Unterschrift.

Louis. Ich will die Urkunde sehen!

Gutherz. Ein Ehrenwort ist auch eine Urkunde, ab-
gefaßt auf dem Velinpapier der Redlichkeit, mit dem Stempel
des Vertrauens versehen, und von der Stimme des Gewissens
als Zeuge gefertigt, gegen eine solche Urkunde habe ich Ihnen
vertraut, und wenn sie dieses verläugnen, so haben Sie ein
falsches Document Ihrer Ehre ausgestellt, und sind um kein
Haar besser, als jeder andere Urkundenverfälscher.

Louis. Mein Herr, jetzt habe ich Ihre Beleidigungen
satt, machen Sie Ihre Ansprüche geltend, wo Sie immer wollen,
sie haben nichts darüber in Händen, ja ich könnte Ihnen sogar beweisen, daß Sie mir damals diese Summe als eine Art
Geschenk dargeboten haben, übrigens thun Sie in der Sache
was Sie wollen, ich stehe Ihnen überall Rede — nur hier,
hier in meinem Hause will ich Ruhe haben (rechts ab).

Neunte Scene.

Gutherz (allein). O Erfindungsgeist der Menschen, wie
weit bist du noch zurück, du hast Mittel entdeckt, reißende

Ungeheuer zu bändigen, du entsendest das tödtende Blei gegen
die unschuldigsten Thiere, um deine Lust zu kühlen, du weisest
dem verderbenden Blitz die eherne Spitze des Magnets, um
ihn unschädlich in die Erde zu leiten, und gegen die bodenlose
Verworfenheit des Undanks hast du kein Gegenmittel erfunden,
(Pause) was soll ich jetzt beginnen, es war meine letzte gerechte
Hoffnung, — soll ich die Gerichte anrufen? — wozu kann
mir's nützen, in seinem Herzen wohnt der Undank, und in diesem fürchterlichen Abgrund hausen alle Verbrechen — mithin
auch das Laster des falschen Eides — und so stehe ich jetzt
allein und hoffnungslos da, habe keinen Freund, der mir
Trost giebt, der mir die Größe meines Elends ertragen hilft, —
schwer ist die Last jeden Unglücks zu ertragen, aber verlassen
und allein dazustehen in der Welt, ist das traurigste Loos. —

Lied.

1.

Wie's Käferl unt' im Graserl
Oft umkriegt ganz allan,
So giebt's manch armes Waserl
Wo d' Aeltern nimmer san. —
Mag es der Schmerz auch brennen,
Die ganze Welt bleibt stumm,
Bei allen seinen Thränen.
Da fragt kan Mensch warum,
Keins tragt mit ihm Beschwerden
Weil's alle fremd ihm sahn,
Ja 's traurigste auf Erden
Das ist der Mensch allan.

2.

A Mutterl hoch an Jahren
Die hat ein einz'gen Sohn,
Der zieht in Kriegsgefahren
Als Kämpfer, mit davon,
Stets wartet sie voll Kummer
Auf ihres Sohnes Brief
Doch nichts stört seinen Schlummer
Am Schlachtfeld er entschlief.
„Was soll aus mir nun werden",
Seufzt sie zum Himmel an,
Ja 's traurigste auf Erden
Das ist der Mensch allan.

3.

Ein Geizhals mit Vermögen
Der flieht das Tageslicht
Und schleicht auf dunkeln Wegen,
Damit ihn Niemand sieht. —
Des Nachts allein im Zimmer,
Trifft eine Krankheit ihn,
Sein klägliches Gewimmer,
Bringt keine Hülfe ihm;
Und mit des Tages Werden,
Legt todt — der reiche Mann.
Ja 's traurigste auf Erden,
Das ist der Mensch allan.

4.

Den Strahl der Sonne meidend,
Lebt in des Kerkers Nacht,
Das Antlitz blaß und leidend,
Ein Sünder dort und wacht,
Die kahlen Kerkerswände,
Sind seine ganze Welt.
Da faltet er die Hände
Worauf die Thräne fällt,
Und kühlt die heiße Stirn,
Verzweiflungsvoll am Stein.
Ja 's traurigste allan
Das ist der Mensch allan.

Verwandlung.

Unter kurzer Gewittermusik entfernter Donner. Aermliches Zimmer
wie die Verwandlung im ersten Act, ziemlich dunkel.

Zehnte Scene.

Marie. Madam Kummer.

Mad. Kummer. Schau, grad haben wir noch den Regen
überholt, geh Marie, mach die Fenster zu, und du Pepi schau
was unser kranker Vater macht. (Pepi, rechts ab.)

Marie (zum Fenster gehend, ergriffen). Nein, nein, meine
Augen haben mich nicht getäuscht, er ist es wirklich, es war
derselbe Blick, nur sein Aeußeres (sie wirft einen Blick zum Fen=
ster hinaus). Mein Gott!

Mad. Kummer (hineilend). Was ist denn geschehen?

Marie (zitternd). Mutter — siehst du jenen Mann, der Schutz suchend vor dem Gewitter sich dort in die Ecke kauert?

Mad. Kummer. Und was ist's denn mit ihm?

Marie. Hast du nicht bemerkt, wie er zuvor aus dem Hause des Kaufmanns an uns vorüberging, und plötzlich erstaunt stehen blieb.

Mad. Kummer Ja ja, aber warum erschrickst du denn so?

Marie. Ach Mutter sieh, des Blitzes Leuchten erhellt sein Antlitz, sieh einmal hin, und sag, erkennst du ihn nicht? (ein fürchterlicher Donnerschlag erfolgt) Gerechter Gott! (sinkt in die Knie, die Hände wie zum Gebet faltend).

Mad. Kummer (faltet gleichfalls die Hände).

Marie (sich erholend, legt sinnend die Hand an die Stirne, dann einen Entschluß fassend und durch die Mitte abstürzend). Und ist's wie immer, es ist ja Menschenpflicht (ab).

Mad. Kummer (ihr nachrufend). Marie, Marie! wo gehst du denn hin? (ein zweiter Schlag erfolgt, sie schließt das Fenster und eilt angstvoll in die Mitte des Zimmers). Mein Himmel, wo ist denn nur das Mäd'l in diesem fürchterlichen Wetter!

Pepi (kommt eilig aus rechts). Liebe Mutter, der Vater verlangt nach dir.

Mad. Kummer. Bleib da Pepi, ich komm gleich wieder (ab).

Pepi (ängstlich). Wo ist denn Marie? ich fürcht' mich, ich geh mit dir (eilt der Mutter nach).

(Pause.)

Elfte Scene.

Marie. Gutherz.

Marie. Warten Sie wenigstens hier das Gewitter ab.

Gutherz. Ich dank Ihnen, liebes Kind, ich hoffe es wird bald vorüber sein.

Marie (weißt ihm einen Stuhl zur Seite). Mein Gott! wie elend er aussieht!

Gutherz (sich setzend). Sagen Sie mir, mein liebes Kind, wie komm ich dazu, daß Sie so viel Güte mir erweisen?

Marie (gemüthlich). Ei, wer wird sich denn da besinnen, bei uns sind die Gewitter gar gefährlich, sehen Sie in jenen Baum dort (zum Fenster hinaus zeigend) hat einmal schon der Blitz geschlagen, Sie werden sich wohl selbst noch daran erinnern.

Gutherz (staunend). Ich? wie so?

Marie. Nu es war in der Zeit, wie Herr v. Gutherz noch bei uns gewohnt!

Gutherz. Sie kennen mich also?

Marie. O! gewiß!

Gutherz (für sich, sie starr anblickend). Mein Himmel, seh ich recht? das ist ja jenes arme Mädchen? ja ja, sie ist's! (laut) Liebes Kind, ist Ihr Name nicht Marie?

Marie (schüchtern). So heiß ich — Euer Gnaden!

Gutherz. O jetzt seh ich klar, jetzt begreif ich, warum Sie mir Hülfe und Obdach angeboten, und es thut meinem Herzen unendlich wohl, daß wenigstens ein Wesen sich meiner erinnert.

Marie. O lassen Sie jene Zeit unberührt, Sie haben mich damals leider sehr verkannt, und mich eben deshalb so tief gekränkt. —

Gutherz. Ich sie gekränkt? wie so?

Marie. Weil ich durch den Antrag Ihres Geschenkes meine Ehre verletzt fühlte, und es deshalb auch zurückgewiesen habe.

Gutherz (außer sich). Zurückgewiesen?

Marie (bejaht es stumm).

Gutherz (fortfahrend). Und mein Diener sagte mir doch, daß Sie es mit Freude aufgenommen?

Marie (ernst). Dann hat er sie belogen.

Gutherz (tief ergriffen). Also auch er — so hat doch alles mit Trug und Lüge an mir gehandelt, und ich soll keine Rechtfertigung erlangen, ich soll keinen jener elenden Betrüger mir gegenüber stellen? Das wäre ja nur ein neuer Beweis meiner, an Leichtsinn grenzenden Güte, nein, nein, das darf nicht sein. (hastig) Sagen Sie mir, liebes Kind, wissen Sie vielleicht was aus jenem Menschen geworden, der damals in dieser Angelegenheit bei Ihnen erschien?

Marie. Er wohnt noch immer in dieser Gegend, die Gasse neben an, wo er ein kleines Uhrengewölbe besitzt, ich seh' ihn jedes Mal, wenn ich vorübergehe, darin beschäftigt.

Gutherz (seinen Hut nehmend). Gut! leben Sie wohl!

Marie. Wo wollen Sie denn so plötzlich hin?

Gutherz. Einen Betrüger entlarven!

Marie (betonend). Und kommen Sie nicht mehr zu uns zurück?

Gutherz (sanft ihre Hand ergreifend). Ist es Ihr Wunsch, daß ich wieder komme?

Marie (innig). O gewiß, ich will indessen der Mutter Alles mittheilen, sie wird eine innige Freude haben, besonders (ihn fragend anblickend) wenn Sie einige Zeit bei uns verbleiben wollten!

Gutherz (tief bewegt, einen Kuß auf ihre Hand drückend). O gutes Wesen, du einziger milder Stern, der meines Lebens Nacht erhellt; doch jetzt hin zu Demjenigen, der einst so wie viele Andere mein Vertrauen mit solchem Undank gelohnt, giebt es wohl ein unheilvolleres Wort wie dieses, es wäre ein töb= tender Gedanke, wenn jemals auf Erden Recht in Unrecht ver= wandelt würde, doch eine eben so empörende Metamorphose der deutschen Sprache ist die: wenn statt Dank, der Undank in einem Menschenherzen wohnt, (der Regen schlägt mächtig an die Fenster) o stürmt nur zu, ihr Gewitter des Himmels, für mich habt ihr eine höhere Bedeutung, denn es kommt mir vor, als wollte der Himmel seine Thränen weinen über den Un= dank so vieler Menschen (ab).

Zwölfte Scene.

Marie (allein). Es ist also doch so, wie man erzählt, er verfiel ins Elend, und ich habe durch jene Entdeckung sein Herz noch mehr verwundet, doch ich will jene Erinnerungen aus seiner Seele verbannen, er kommt zurück, wie er gesagt, o wie freudig schlägt mein Herz bei diesem Gedanken, ja ich fühle es, ich bin ihm noch immer gut, und ich kann mir's nicht verhehlen, jetzt wo er verarmt mir gleich ist, jetzt bin ich es noch mehr als sonst.

Mad. Kummer (aus rechts). Da bist du ja, Marie, sag mir, wo du zuvor —

Marie (einfallend). O liebe Mutter, weißt du, wer so eben bei uns gewesen?

Mad Kummer. Nun? —

Marie. Der Mann, von dem wir vorhin gesprochen, er war hier, er wird wieder kommen, und weißt du liebe Mutter, wer es ist?

Mad. Kummer. Wie soll ich?

Marie (hastig fortfahrend). Kannst du dich nicht mehr an jenen jungen Mann erinnern, der uns gegenüber gewohnt, und dessen großes Vermögen alle Leute reden machte?

Mad. Kummer. Wie? und das hier war derselbe Mann?

Marie (einfallend). Ja Mutter, er ist nun ein Unglück= licher, den undankbare Menschen in's Elend gestürzt haben, o er war ein guter Mensch in seinem Glück, der auch für Arme viel gethan; und was ich dir bis jetzt noch nicht mitgetheilt habe, er ist es auch, der einst in unserer damaligen Noth uns

Hilfe anbieten ließ, die ich jedoch, ihn vielleicht unrecht beurtheilend, damals zurückgewiesen habe.

Mad. Kummer (für sich). Mein Himmel, was höre ich da? (laut) Und was soll jetzt? —

Marie (einfallend). Liebe Mutter, kann ich mein Unrecht anders gut machen, als wenn ich dich bitte, daß wir ihm jetzt in seinem Elend hülfreich entgegen kommen.

Mad. Kummer (verlegen). Ja, wenn nur —

Marie. Wie meinst du liebe Mutter?

Mad. Kummer (für sich). Es ist nur — (laut) du Marie, weil es schon so ist, (immer im Tone solcher Menschen, die sich einer Schuld bewußt sind.) So muß ich dir auch etwas vertrauen, warte nur, du sollst gleich alles erfahren (rechts ab).

Dreizehnte Scene.
Marie. Stoppel. Gutherz.

Stoppel (von Außen). Und wann die Welt in Trümmer geht, so muß das g'schehen, was ich will (tritt ein).

Marie. Welch ein Lärmen?

Gutherz (Stoppel beruhigend). Aber so sei doch nur ruhig!

Stoppel (mehr gemüthlich als erboßt). Was? ich soll ruhig sein, Sie kommen zu mir in mein Gewölb, ich will Ihnen in der Freude des Wiedersehens um den Hals fallen, und Sie stoßen mich zurück und heißen mich einen Betrüger — und da sollt ich ruhig sein?

Gutherz. Aber du hättest ja bei dir eben so gut —

Stoppel (einfallend). O nein, meine Rechtfertigung muß hier vor den Personen stattfinden, die dazu gehören; Alles in der Welt läßt sich anderseits ersetzen, wann sich einer ein Fuß oder ein Arm bricht, kann man ihm einen hölzernen machen, wer schlecht sieht, kauft sich Augengläser, wer seine Zähne verliert, dem können die karabellischen Nachfolger helfen, wem die Haare ausgehn, der wendt sich an einen Friseur, selbst der Verstand läßt sich durch Geld ersetzen, nur für die verlorne Ehr giebt es kein Surrogat, die muß echt und unverfälscht von jenen zurückgegeben werden, durch die man sie verloren hat.

Gutherz. Aber von wem willst du eigentlich —

Stoppel. O ich werd mein Mann schon finden (erblickt Marie). Aha! da ist er schon mein Mann, (sehr artig Marie entgegen gehend). Mein Fräulein!

Marie (ernst). Mein Herr!

Stoppel Sie kennen mich wohl noch? ich hab wenigstens noch die Ehre. Sie haben sich seit der Zeit etwas verändert, aber nur zu Ihrem Vortheil, aber das was sie gesagt haben, gereicht mir zum Nachtheil.

Marie (wie oben). Und das wäre?

Stoppel. Sie verzeihen schon mein Fräulein, aber sagen Sie aufrichtig, habe ich Ihnen nicht einst (mit einem Blick auf Gutherz) einen Brief überbracht?

Marie (wie oben). Und hab ich Ihnen denselben nicht mit seinem ganzen Inhalt zurückgegeben?

Stoppel (etwas perplex). Ja das ist wahr, aber (sich besinnend) ich hab ihn daher gelegt, (auf den Tisch rechts deutend). Es ist ein Glück, daß sie nicht mit die Möbeln nach der Mode gehen, da steht er noch, der nämliche Tisch.

Marie (erstaunt). Wie? Sie hätten?

Stoppel. Ja ich habe (mit der Hand auf den Tisch schlagend). Da hab ich ihn hergelegt, wann der Tisch reden könnt, müßt er's selber sagen.

Gutherz. Und du bist dann fort ohne zu wissen, was damit geschehen?

Stoppel. Ich hab mir's denkt, es ist gut aufgehoben, es wird schon einer kommen, der's braucht.

Marie (für sich). Wie, mein Himmel, wenn etwa (laut zu Stoppel). Mein Herr, wie wollen Sie dieses beweisen?

Stoppel (hastig). Ich leg ein Eid ab, mein Gewissen ist rein, ich kanns thun, ich schwör ein ganzes Jahr fort, wenn Sie wollen

Gutherz. Die Sache wär' eigentlich zu unbedeutend, wenn nicht —

Stoppel (einfallend schreiend). Und wenns zwei Groschen wären, so handelt es sich hier um meine Ehre, die kauft mir die ganze Nationalbank nicht ab.

Gutherz (zu Marie). Verzeihen Sie, liebes Kind, daß ich eigentlich durch mein Verschulden den Auftritt herbeigeführt, es entsteht jedoch unwillkührlich die Frage, wo der Brief hingekommen.

Stoppel. Es waren Banknoten d'rin, wenns Silber g'wesen wär, könnt man mit Sicherheit annehmen, es hats wer vergraben, oder es ist gestiegen, daß es jetzt am Plafond oben ist. (sucht mit den Augen in der Höhe).

Gutherz. Genug hiervon; hab ich dir Unrecht gethan, so bist du selbst schuld daran, weil du mir damals die Sache nicht so mitgetheilt, wie sie eigentlich war.

Stoppel. Ich hab g'wußt, daß Ew. Gnaden nicht

in unrechter Absicht, sondern rein aus gutem Herzen so gehan=
delt haben, und es hätt' Ihnen gewiß sehr wehe gethan, wenn
ich Ihnen gesagt hätt', wie man Sie verkannt hat.

Marie (mit einem Blick auf Gutherz). Herr v. Gutherz!

Gutherz (zu Stoppel). Bist du nun zufrieden, wenn
ich deinen Worten Glauben schenke?

Stoppel. O nein, es muß gefunden werden. (zu Marie).
Es ist nur a Kreuz, Sie haben wahrscheinlich schon ausgekehrt,
sonst könnte man vielleicht auf der Erde —

Gutherz (einfallend). Laß den Scherz; ich erkläre dich
für vollkommen gerechtfertigt.

Stoppel (im komischen Zorn). Ich bin aber nicht zufrie=
den damit, ich will die Beweise liefern, es fragt sich nur wie;
ich schreiet recht gern, Geld wo bist du? aber es nutzt nir, es
schreit die ganze Welt um den Artikel, daß das Geld vor lau=
ter Geschrei den Einzelnen nicht mehr hört, und es könnte mir
höchstens noch passiren, daß ich als gefährlicher Schreier noch
Anstände hätt', aber interessant bleibt es immer, wer's denn
eigentlich genommen hat.

Mad. Kummer (war schon früher, wie im ersten Akt, in
der halbgeöffneten Küchenthür sichtbar).

Marie (sie erblickend und unwillkührlich Stoppels Rede ergän=
zend). Die Mutter —

Stoppel (rasch). Was? die Mutter hats genommen?

Mad. Kummer (vortretend). Ja — und ich hab's dazu
verwendet, wozu es bestimmt war.

Marie. Wie, Mutter, du hättest —

Mad. Kummer (mit tiefer Rührung). Ich hab damit
unserm kranken Vater den Aufenthalt im Bad verschafft, was
der Doctor als einziges Mittel zu seiner Rettung erklärt hat
— (bricht in Thränen aus.) Ich habe dadurch den Kindern ihren
Vater erhalten; sagen Sie, mein Herr, war das nicht Ihr
Wunsch?

Gutherz. Gewiß, gute Frau!

Marie. Und mir, liebe Mutter, konntest du dieses bis
heute verschweigen?

Stoppel (der bisher staunend zugehört). Das ist die erste
alte Frau, die eine so jahrelange Verschwiegenheit aufweisen kann.

Marie (zu Gutherz). Darf ich mir nun Ihre Vergebung
erbitten, daß ich Sie so verkannt?

Gutherz. Eine Handlung, die aus der verletzt geglaub=
ten Ehre entspringt führt stets einen heiligen Grund zu ihrer
Vertheidigung mit sich, und hätt' ich Sie nie gekannt, so müßte

schon diese einzige Erfahrung mich mit hoher Achtung für Sie erfüllen.

Stoppel. Uebrigens Achtung, die war schon lang vorhanden, denn Achtung erzeugt Liebe, und mein einstiger Herr hat schon damals, versteht sich in allen Ehren, manchmal a Wörtl fallen lassen, daß ihm das Fräule nicht gleichgültig ist.

Gutherz (verweisend). Stoppel!

Stoppel. Ah was, es ist ja wahr, erinnerns Ihnen nimmer, wie ofts zu mir g'sagt haben —

Gutherz (wie oben). Wirst du schweigen!

Stoppel. Aha! Euer Gnaden werden verlegen, nicht wahr, ich hab's errathen?

Mad. Kummer. Und wenn ich die Wahrheit sagen soll, so ist's ja meiner Marie auch nicht besser gegangen, sie hat mir damals auch zu viel auf das Fenster hinüber geschaut.

Marie (verschämt). Aber Mutter!

Stoppel. Bravo, wird auch schon roth im Gesicht, Victoria! hat ihn schon!

Marie (verbirgt ihr Gesicht an der Mutter Brust). Mutter!

Stoppel. Ist das eine originelle Liebeserklärung, die beiden Betreffenden schweigen, und blos die Secundanten reden, aber jetzt, weil wir zwei schon so viel geleistet haben, jetzt müssen wir auch das Werk vollenden, (zu Gutherz) Eure Gnaden, Sie haben zwar einst Ihre Hand von mir abgezogen, geben's mir's nur jetzt auf einen Augenblick, ich geb Ihnen's gleich wieder zurück (ergreift Gutherz's Hand). So die Hälfte haben wir derweil, die andere Hälfte werden wir auch gleich haben, — (wirft der Mutter einen bedeutenden Blick zu, ergreift Mariens Hand und indem er die beiden vereinigt). So! jetzt ist das Paar fertig — Vivat, Victoria! Eviva, Eljen, Hoch — höher — am Höchsten!

Gutherz (Marie umschlingend). Marie!

Marie (mit zitternder Stimme). Heinrich! (sinkt an seine Brust).

Gutherz. Doch wie soll ich jetzt in meiner gänzlichen Armuth — —

Stoppel (einfallend). Ach was, das wird nicht so lange dauern, so an klans Dienstl wird sich schon noch finden lassen, für einen Mann, der a Mal was gelernt hat in der Welt, und bis dahin sind ja wir (sich auf die Brust schlagend) derweil da!

Gutherz. Wie! ich soll von dir?

Stoppel (einfallend). Ach was Kinderei, haben Eure Gnaden mein großartiges Uhrenmagazin net g'sehen, das ist a biſſ'l a Geſchäft das, o wir können ſchon a weil aushalten, wann eine kleine Candidatur nothwendig iſt.

Pepi (kommt von rechts). Mutter! (erblickt die Anweſenden) O mein! was wollen denn die Leut da?

Stoppel. Ach, das iſt ja mein Mauſerl von damals, hab ich nicht recht g'habt, daß das a Mordmahl wird, no wie geht's denn, die Strümpf wer'n halt auch ſchon zerriſſen ſein, zu deren Erzeugung ich damals als Haſpel gaſtirt habe.

Pepi. O! wo ſein die ſchon!

Stoppel. Aber weil Sie ſo gern ſtricken, wiſſen Sie was, ein halb Dutzend ſo ganz kleine Strümpferl könnten Sie mir ſtricken (auf Gutherz und Marie blickend) ich könnt's jäh brauchen.

Pepi. O die ſein in vierzehn Tagen fertig.

Stoppel (fidel). Na alſo. (zu Gutherz) Aber jetzt verzeihen Sie mir Eure Gnaden, ich miſch mich da in Ihre Angelegenheiten, als ob ich das Recht dazu hätte, das kommt halt daher, weil ich einſt Ihr Factotum war, und da iſt ja auch Alles durch meine Hand gegangen.

Gutherz. O hätt ich einſt deinen wohlgemeinten Rath befolgt, ich hätte nie an den Menſchen jene bitteren Erfahrungen gemacht, doch es ſoll vergeſſen ſein, haben auch niedrige Seelen mir Alles geraubt, etwas iſt mir doch in meiner Armuth geblieben, ein edles liebendes Herz, und dieſes ſoll mir Erſatz bieten, für alles Leid, das ich durch Undank erduldet habe (umſchlingt Marie).

Paſſende Gruppe. Der Vorhang fällt.